# 成交
# 一定有方法

## DEAL
## METHOD

陈庆◎著

天津出版传媒集团

天津科学技术出版社

**图书在版编目（CIP）数据**

成交一定有方法 / 陈庆著 . –– 天津：天津科学技
术出版社，2020.4

ISBN 978-7-5576-7479-3

Ⅰ.①成…　Ⅱ.①陈…　Ⅲ.①企业管理 - 销售管理

Ⅳ.① F274

中国版本图书馆 CIP 数据核字 (2020) 第 044929 号

成交一定有方法
CHENGJIAO YIDING YOU FANGFA

责任编辑：方　艳

助理编辑：马妍吉

出　　　版：天津出版传媒集团
　　　　　　天津科学技术出版社

地　　　址：天津市西康路 35 号

邮政编码：300051

电　　　话：(022) 23332695

网　　　址：www.tjkjcbs.com.cn

发　　　行：新华书店经销

印　　　刷：天津中印联印务有限公司

开本 710×1000　1/16　印张 13　字数 146 000

2020 年 4 月第 1 版第 1 次印刷

定价：52.00 元

# 前　言

达尔文在《物种起源》中说过：在自然演化过程中，能够存活下来的，不是那些最强壮的物种，也不是那些最聪明的物种，而是那些最能适应变化的物种。

我在《销售战法》培训课程中说过：在销售演变过程中，能够立于不败之地的，不是那些实力最强的组织，也不是那些最聪明的组织，而是那些最能适应商业变化的组织。

销售，是一场没有硝烟的战争。一招一式，都决定着企业的生死存亡。

战争中最终取胜的往往不是武器装备最精良的军队，而是能够因地制宜，在战争中学习战争，根据战局变化适时做出调整，快速适应变化的军队。

销售亦如此。尤其是处于快速发展期的创新企业，需要学会在夹缝中求生存，掌握出奇制胜的战法。不管是地道战、游击战、地雷战、麻雀战、闪电战、突袭战等，只要对业务发展有好处的，都可以因地制宜地学以致用。

销售，有且只有一个目标，那就是把产品或服务卖出去，把钱挣回来，赢得市场竞争，让自己有尊严地活着。

不战而屈人之兵者，古今中外，少之又少。厮杀，乃常态也。拥有一套好的战法，才能运筹帷幄之中，决胜千里之外。毛泽东的"敌进我退、敌驻我扰、敌疲我打、敌退我追"十六字方针，堪称战争史上的经典，值得从事销售工作的我们好好学习。

在销售实战课程中，我喜欢拿战争举例子，因为这样更加形象具体，更加容易让学员理解。通过战争的演绎方式来阐述销售实战经验，能够让学员更加深刻地理解市场竞争的残酷性。

《成交一定有方法》讲述的就是我本人从销售战场中来，到销售战场中去的心路历程。我从事销售工作十四年，一路南征北战，攻城拔寨，踏遍整个中国版图，最终把产品销售到全国各地。

我在这十四年里，只为完成一项艰巨的任务：通过项目实战，提升业务团队的整体作战能力，同时总结提炼出来一套可复制的销售人才方法论及工具表单。项目实战中，我既要配合各大战区的业务人员和代理商拿下客户，又要针对公司的小伙伴以及代理商的业务人员进行系统的产品培训和销售技能培训，尤其包含互联网营销、新媒体营销和数字化营销等业务技能，通过把市场打深打透，持续为客户创造价值。

我写此书的目的，只是想把自己十四年来从事销售以及创业的实战经验总结出来分享给大家，让更多像我一样普通的人在平凡的销售岗位成就不平凡的事业。此书没有华丽的辞藻，只有实实在在的销售实战经验，让每一位普通的业务人员看得懂，学得会，用得着，有效果。

# 目 录
## C O N T E N T S

**第一章** **准备要充分**
CHAPTER 1

1. 市场要找准 / 003

2. 客户要找对 / 011

3. 竞品要分析 / 017

4. 产品要有料 / 024

5. 伙伴要靠谱 / 030

6. 思路要清晰 / 038

**第二章** **出招要正确**
CHAPTER 2

1. 邀约客户要话题 / 049

2. 上门拜访要工具 / 060

3. 产品呈现要技巧 / 068

4. 递交方案要专业 / 079

5. 商务谈判要分工 / 086

6. 销售逼单要技巧 / 094

7. 项目实施要保障 / 099

8. 客户关系要维护 / 106

**第三章**
CHAPTER 3

# 技术要用好

1. 新媒体营销要话题 / 119

2. 新媒体营销要故事 / 126

3. 微信营销要方法 / 133

4. 短视频营销要才艺 / 138

5. 数字化营销要精准 / 145

**第四章**
CHAPTER 4

# 团队要经营

1. 团队要配合 / 155

2. 团队要激励 / 166

3. 团队要赋能 / 177

**附录　战后要复盘** / 193

# 第一章
## 准备要充分

# 1. 市场要找准

[ 先胜而后求战 ]

关于销售从业者的心酸与孤独，如果只是听故事，不管故事讲得多么感人动情，终究还是故事。有些事情，只有自己亲身经历才会真正懂得。每一位销售从业者，都有看不清方向，咬紧牙关，使出浑身力量，拼命向前奔跑的至暗时刻。有的销售从业者，跑着跑着就掉队了，最终离开了。只有极少数的销售从业者坚持跑完全程，成为了真正的销售战神。如果老板是造梦之人，那么我们销售从业者便是圆梦之人，这就是我们销售从业者神圣而光荣的使命。

前段时间我去拜访了一位多年未见的老友伍总。走进他公司的办公区，我既诧异又惊喜。诧异的是三年前他跟我在电话里说混不下去了，团队也基本解散了，没想到短短三年的时间他的公司又发展起来了，规模还不小，占据了整个一层楼；惊喜的是老友总算是熬出头了，十几年的辛苦没有白费，又多了一个"土豪"朋友，以后吃饭不用我买单了（开玩笑）。

走进伍总的办公室，见他一边接着电话，一边忙着泡茶，桌子上还准备了水果，看来对我这位远道而来的老朋友十分欢迎。等伍总接完电话，我对伍总说："伍老板，混得不错，鸟枪换炮了，终于熬出头了，恭喜恭喜。"

伍总谦虚地对我说："我折腾十多年了，之前一直从事软件外包服务，搞得半死不活的，曾一度经营不善，现金流紧张，发不出工资，团队缩减到只有六个人，还给你打电话借钱，我也没想到就这三年的时间快速发展起来了。这三年里，一直是市场推着我向前跑，想不跑都不行。如今团队已经扩张到现在的一百二十人，营收也从之前的每年 200 万左右增长到现在的 3000 万。"

**听着伍总取得的可喜成绩，我迫不及待地打断了他的讲话，连问了他三个问题：**

第一，为什么市场会推着你向前跑，市场定位有调整吗？

第二，如果市场定位有调整的话，是不是产品也发生了变化？

第三，产品发生变化的话，是不是商业模式也发生了变化？

伍总不紧不慢地回答："是的，都发生了变化，而且不止这三点。其实这些变化都不是我自己想出来的，都是市场逼出来的。不变，等于等死；变，等于找死。我当时想，反正都是死，等死还不如找死，找死可能还有一线希望。

"陈老师，你也知道，我之前是卖软件的，每个项目都需要个性化服务。成交周期长，开发及维护成本高，加之市场竞争异常激烈，成交价格低，基本上没有利润。要是项目运营管理能力相对弱一些或者客户要求高一点，可能还会赔钱。我是在走投无路的情况下才提出卖 SAAS（Software-as-a-

Service 的缩写名称，意思为软件即服务）的，提供"平台＋内容＋服务"整体解决方案。

"现在卖 SAAS 产品服务跟原来卖软件完全不同，提供的是标准化的产品和服务，且按年付费。成交周期短，开发及运营服务成本相对比较低，要是客户成交量大，成本还能更低。只要维护好老客户，加上持续拓新，业绩就能保证 150%~300% 的增长速度。因为提供的是标准化的产品和服务，所以更加有利于我们借助移动互联网这个工具进行销售和推广，既降低了销售难度，又缩短了成交周期。"

**我一边听着伍总分享一边做着笔记，脑海中不断地重复着这两句话：**

原来是商业模式变了，由之前卖软件变为现在卖 SAAS 租赁服务了。

产品形态也变了，由之前单一的软件变为"平台＋内容＋服务"了。

**我忍不住继续问道："伍老板，做 SAAS 服务的供应商那么多，竞争那么激烈，你是怎么从红海当中杀出一条血路来的呢？"**

此时伍总提醒我喝茶吃水果，并继续回答我的问题。他说三年前他读过我送给他的那几本销售方面的书籍，其中有一本书中讲到了企业的四种生存方式。

**第一种：作为市场的领导者，**行业标杆企业一般采取防御战术，通过企业的自主创新来巩固市场地位。市场的任何挑唆行为，必须给予毁灭性打击。

**第二种：作为市场的挑战者，**行业排名比较靠前的企业一般采取进攻战术，在激烈的市场竞争中不断发现领导者的弱点，集中优势兵力，在领导者相对薄弱的市场发动进攻，快速抢占市场。

第三种：**作为市场的追随者**，行业中的中小企业一般采取侧翼战术，尽可能地找到没有竞争的市场或竞争极少的市场，出奇制胜。追击和进攻，在制订销售策略中同等重要。

第四种：**作为市场的潜入者**，行业中的小微企业（指高科技创新企业）一般采取游击战术，喜欢寻找一个特定的细分市场，利用自己的核心技术构建差异化竞争优势，抢占市场并守住市场。

**伍总说当时自己的企业属于第三种情况**，**市场的追随者**。为了研究侧翼战到底该怎么打，他当时还请教了当兵的同学。搞明白之后，伍总对市场进行了重新定位，把服务大型集团企业调整为服务中小企业。为了躲避激烈的市场竞争，伍总选择入驻企业微信、钉钉、头条这样的大平台，依靠大平台上的企业流量形成快速付费转化。因为有了大平台为产品做信誉度背书及引流，解决了销售前期没有客户、没有建立信任的问题，加之客户服务费用本身又不高（每年几千块钱到几万块钱不等），成交速度很快，成交量也在快速增长。

为了进而与大平台的深度合作，伍总对大平台上入驻的客户特征、所属区域分布以及平台引流政策做了非常详细的了解；对各大区域市场的客户需求情况、增长潜力、市场成熟度以及市场合作伙伴、竞争态势做了针对性的调研；对已经合作的客户做了非常精确地复盘，如客户所在区域、所属行业、企业性质、人员规模、主营业务、项目需求以及合作金额等。针对各级市场的客户分布情况，伍总还专门成立了三人专家小组每天进行跟踪分析，目的就是要找到需求旺盛、发展潜力好而且竞争较少或没有竞争的市场。

为了更好地抢占并守住市场，伍总还把公司目标市场分为五大战区，华北战区、华东战区作为重点市场，华南战区、华中战区、西北战区暂时作为次要市场。

在华北战区开展运动战。因为公司的营销总部在北京，东北三省、京津冀鲁共计有四十多家代理商，通过运动战的作战方式可以高效配合这四十多家代理商一起服务好本地客户，还能节约不少成本。

在华东战区开展屠城战。因为公司在上海成立了分公司，在杭州有办事处，且华东战区这三十多家代理商非常给力，主动邀请公司总部一起搞产品宣讲会、老客户答谢会、异业联盟活动等，在华东战区硬生生地打出了品牌。

在华南战区开展攻坚战。因为华南战区曾经一度被深圳的一家竞争对手抢占了市场，聚拢了当地大多数的代理商，只有七八家关系比较牢固的还在跟伍总的公司合作，竞争异常激烈。为了给代理商建立信心，打赢这场攻坚战，公司总部从各战区抽调了一位销售精英组成尖刀连派往华南市场长期扎根。

在华中战区开展突袭战。因为华中战区还没有非常强大的竞争对手，偷袭的目的就是要做到"不鸣则已，一鸣惊人"，要造势，造大势。公司先成立了办事处，联合已有的20多家代理商一起筹办了一场500人的大会，其他四大战区一同配合，帮忙邀约客户参会，确保参会人数（因为办事处在武汉，交通相对来说比较方便）。通过大会增加市场影响力，抢占客户心智。

在西北战区开展游击战。因为西北战区的市场成熟度相对低一些，企业需求相对少一些，所以开展游击战更加合适一些。项目多的时候，销售人员在代理商那里多驻扎一段时间；要是项目少，随时可以腾出时间支援其他战区。

伍总在分享他五大战区的战法时滔滔不绝，妙语连珠，用眉飞色舞来形容当时伍总说话的情形都不为过。伍总讲得精彩，我听得也非常投入，记录得也很详细。

时间过得真快，不知不觉 2 个小时过去了，我看伍总非常忙，不好意思多打扰他，于是问了伍总最后一个问题：**"伍老板，你的五大战区安排得井井有条，我非常好奇五大战区的人员结构及管理模式是什么样子的？"**

伍总非常详细地分享了整个过程，他说之前卖软件的时候，基本上就是他自己一个人负责全国市场，对接全国业务需求，一个人做项目，养活公司。

现在卖 SAAS 服务完全不同，市场分为五大战区，每个战区有各自的经理，负责战区内一切销售工作。战区经理就是战区的最高指挥官，直接对接公司销售总监。战区团队的组建，人员的招聘、培养、任用、考核、晋升以及把控团队人数，全部由战区负责人自己说了算。从公司层面，只考核团队整体业绩和人均业绩，按照成本与各战区进行核实。

说到这里，伍总特意补充一句，他说公司之前发生过一次特别有意思的事情，在一开始无绩效考核、无成本核算的时候，各战区经理都向他要人，说自己战区人手不够，后来盘点完各战区的实际销售业绩后，都不好意思主动再向他要人了。"为什么华东战区和华北战区暂时要作为重点市场，是因为这两个战区承担了公司 70% 的业绩，相比其他三个战区，团队人员自然要多一些。"

采取业绩决定团队规模而不是团队规模决定业绩的做法，很好地规避了三个经营风险：

其一，去伪存真，选拔出真正优秀的战区负责人及销售精英。

其二，鼓励能者上庸者下，形成团队内部的良性竞争。

其三，业绩才是考核能力的唯一标准，并非其他人际关系。

从老友伍总公司出来，我一路上都在不断思索，为什么伍总能够把三年前六个人的公司做到今天一百二十多人产值3000万的公司？经过反复思考和分析，我总结提炼出来五点核心经验：

**市场定位很重要。**伍总的公司由原来服务大型集团企业调整为服务中小微企业。我们国家中小微企业有两千多万家，市场需求量非常大。

**市场细分很重要。**伍总的公司选择跟企业微信、钉钉、头条这样的大平台合作，成功地避开了激烈的市场竞争，选择了竞争较小甚至没有竞争的市场快速发展自己。

**产品形态很重要。**伍总的公司原来是单一的软件产品，后来调整为"平台＋内容＋服务"的综合性产品，产品组合之后更加具有竞争力。

**商业模式很重要。**伍总的公司原来是卖一套软件挣一笔钱，后来改为只租赁不售卖，按照使用人数收取年租赁服务费。客户要想每年都有软件可以用，就得每年都交钱。

**销售团队很重要。**伍总的公司把销售团队分为五个战区，每个战区采取不同的战法，且采取业绩决定团队规模而不是团队规模决定业绩的做法，激发了战区负责人和销售精英的工作热情。

总之，找准市场是成交的第一步。不仅市场要找准，而且市场要细分，要有主次。在此基础上，各大区域市场还得配备优秀的销售团队，尤其需要德才兼备的销售团队负责人。区域市场的销售团队负责人不仅要思路清晰，商业嗅觉灵敏，拥有极强的洞察力、学习领悟能力及执行力，而且要有责任感和担当，要熟知移动互联网营销、新媒体营销和数字化营销技术，能够很好地运用技术驱动营销、带动销售，从而降低成本，提升效率，增长业绩。

# 2. 客户要找对

[ 磨刀不误砍柴工 ]

要想真正做到一眼就识别客户，必须构建非常清晰、精准的客户画像。一般而言，对客户需求了解越详细越全面，识别度就越高。如果说上节找准市场是成功销售的第一步，那么这节找对客户则是成功销售的第二步，只有找准市场、找对客户，才能让销售变得更简单更容易。

把梳子卖给和尚的故事，是找准客户方面非常好的反面教材，值得大家吸取教训。虽然故事中的这位销售人员机智聪慧，成功地说服了和尚购买他的梳子，但从销售常识来看，和尚不是梳子的真实使用者，因为他根本用不到梳子，真正需要梳子的是留有长头发的人，所以明显是销售人员没有找对客户。

如果把和尚和寺庙定义为销售渠道，还勉强说得过去，但这个渠道太窄了，而且销量非常有限，连来回的时间成本估计都不够。所以说，不管是找对客户还是找好渠道，这个故事都不可取。如果非要用故事来提升销售团队的士气，个人觉得阿甘的故事要比这个故事更加合适激励团队。

把梳子卖给和尚的故事，看似是销售人员没有找对客户找好渠道，是销售人员自身出了问题。可细想一下后发现，真正的原因是公司整体缺乏对客户的深刻了解和认知，没有精准的客户画像，不知道真正需要产品的客户长什么样子，缺失整体的销售规划和员工培训。

**那么问题来了，公司有精准的用户画像吗？如何才能真正找对客户呢？如何开展市场调研呢？怎么去深刻地认识和了解客户呢？客户群有哪些明显的需求特征呢？如何做到一眼识别客户呢？**

## （1）"如何才能真正找对客户"

根据我的经验，你需要看谁是你的竞争对手，竞争对手的客户就是你的客户，把所有竞争对手的代理商、合作伙伴、客户群做一个详细的摸底，基本上也就了解的差不多了。具体的操作方法其实也比较简单：时时关注竞争对手的官网、公众号、产品手册、海报以及相关的宣传资料或宣传活动，还有竞争对手的业务人员分享的朋友圈动态资讯。当然，想要获得精准的客户，最直接的方法就是从竞争对手那里挖人。或许，竞争对手的业务人员比你更懂客户需要什么。

## （2）开展市场调研，采取"网络问卷调查＋群内讨论＋线下深度访谈＋神秘体验"相结合的方式

**a.** 为了确保网络问卷调研的针对性和有效性，尽量邀请竞争对手的代

理商、合作伙伴、客户参与，多听听他们内心真实的想法和诉求，甚至抱怨。因为代理商、合作伙伴、客户的抱怨，正好是竞争对手暂时还没满足的需求，也恰好是自己的机会。为了提高网络问卷调研的真实性，建议问卷填写过程中设计抽奖环节，让参与问卷调研的用户填写真实的姓名和手机号，且必须通过手机短信验证后方可参与抽奖活动。如果用户中奖，需要提醒用户进一步完善收件的详细地址，同时把中奖图片分享到朋友圈，通过转发分享中奖信息的方式邀请更多的好友参与问卷调研。

b. **线上群内讨论**。一般邀请三百人左右参加由行业资深专家主持的一次特定话题的讨论，要让代理商、合作伙伴、客户、用户进行充分的头脑风暴，彼此深度探讨、交流和学习。这个群内讨论的话题可以是一个新的产品创意，也可以是一项新服务，还可以是一次产品促销活动或其他销售话题。行业资深专家的主要任务是以一种有趣的方式提出问题，征求大家的建议或意见，把握好讨论的节奏，推动讨论的进展，让参与的代理商、合作伙伴、客户、用户各抒己见。当提到比较尖锐的问题或大家比较有共鸣的话题时，记得随时做好笔记。行业资深专家可以针对尖锐的问题及大家感兴趣、有共鸣的话题，组织大家深度研讨，挖掘出大家感兴趣的原因和真实想法。

c. **线下深度访谈**。即便每一位代理商、合作伙伴、客户、用户都如实地填写了网络问卷调查，参加了线上群的讨论，你也不可能完全深入地了解客户的购买动机，因为人们一般都会有所保留，大家看似回答得有理有据，但他们的答案可能根本没有触及他们的真实感受。"口是心非"是很多客户、用户的消费特征表现，通过线下面对面的深度访谈，我们可以直接观察客户的表情、眼神、肢体动作来判断他们有没有说真话。线下面对面，甚至一对一的交流，可以使调研的真实性提高、效果好很多。

**d. 神秘体验。**通俗点来说，就是扮演成客户去购买竞争对手的产品，体验竞争对手销售产品的全流程，了解竞争对手产品的优势和不足，同时与其他的代理商、合作伙伴、客户、用户进行深入交流，听听大家对此产品的理解、看法、评价甚至不满。在没有任何心理准备的情况下，代理商、合作伙伴、客户、用户说出来的需求或不满，或许是最真实的。不少企业老板、销售负责人，经常会充当神秘顾客，去体验竞争对手的产品和服务，以此来做到"知己知彼，百战不殆"。

### （3）如何深刻地认识和了解客户

对于这个问题，其实没有太多的方法和技巧，只能拿出自己的真诚、善良、专业和时间去陪伴你的客户，去了解他们的工作场景，他们的生活习惯，他们的兴趣爱好，他们的人脉圈子，他们的家庭情况，他们的消费能力和消费观念，真正走入他们生活的方方面面，成为他们真正的朋友。只有成为客户的朋友，才能够倾听到他们对于产品的真实感受和想法，才能够了解他们的真实需求，说不定好心的客户还会把竞争对手的优势、劣势以及最新的发展动态告诉你，比如竞争对手产品的核心亮点、应用了什么高科技、市场的实际反馈情况及认可度等等。陪伴是最长情的告白，对于客户来说，陪伴同样管用。

### （4）客户有哪些明显的需求特征呢

我觉得这是一个比较难回答的问题，很多时候客户自己都搞不明白为什么要购买，因为 80% 的消费都是感性的。有时候只是为了满足一下好奇心；有时候只是为了获得暂时的安全感；有时候只是纯粹的从众心理，看着大家都买自己也就买了。很多时候，客户的需求是多样化的，也是多变的，客户的抱怨或许就是他们最大的需求。所以说，好的销售，不是满足客户现有的需求，而是创造出新的需求，通过新的需求快速抢占客户心智。

### （5）如何做到一眼识别客户呢

a. 运用客户关系管理软件可以对用户的真实行为进行数据采集、挖掘和智能分析，通过长时间的跟踪和抓取，提炼出客户最真实的需求特征，能让你做到一眼就识别潜在的意向客户。除此之外，凭借现在的技术，你还可以通过算法推荐第一时间让客户体验你的产品、购买你的产品。

b. 凭自己的行业经验进行分析判断，也是一眼识别客户的常规做法。其实底层的业务逻辑跟客户关系管理软件是一致的，只是软件系统完全依靠数据做分析，而人则掺杂了个人的情感思想和主观意愿。要说哪个更靠谱，短期来看可能人为的经验靠谱，但长期来看一定是软件技术。因为软件储存数据的能力是人的 100 倍、1000 倍、10 000 倍，甚至更多。

**如何才能通过技术手段更好地找对客户呢？** 我们先来简单了解一下推荐算法的起源。推荐算法的研究起源于 20 世纪 90 年代，由美国明尼苏达大学 GroupLens 研究小组最先开始研究。他们想要制作一个名为 Movielens 的电影推荐系统，以此实现对用户进行个性化的电影推荐的目标。首先研究小组让用户对自己看过的电影进行评分，然后小组对用户评价的结果进行分析，并预测出用户对并未看过的电影的兴趣度，从而向他们推荐从未看过但可能感兴趣的电影。

此后，亚马逊公司始在网站上使用推荐系统，在实际中对用户的浏览购买行为进行分析，尝试对曾经浏览或购买商品的用户进行个性化推荐。根据 Venture Beat 的统计，这一举措将该网站的销售额提高了 35%。自此之后，个性化推荐的应用越来越广泛。

推荐算法发展至今，主要的推荐方法有五种，分别基于内容推荐、协同过滤推荐、规则推荐、效用推荐、知识推荐。每一种推荐方法都有各自的优点和缺点，具体选择哪一种，还得依据产品或服务的真实使用场景来决定。

推荐算法已经应用到了各个领域的网站中，包括图书、音乐、视频、新闻、电影、地图等，而电子商务的应用近年来逐渐普及，亚马逊、易贝（ebay）、史泰博（Staples）、头条、京东、淘宝、当当网、豆瓣图书等都使用了电子商务推荐系统。推荐系统不止给这些互联网商家带来了巨大的附加利益，同时也提高了用户满意度，增加了用户黏性。

为了找对客户，传统的做法主要是在市场调研的基础上，凭个人经验和感觉来判断，这样费时费力且效果不一定好。现如今，可以直接利用推荐算法技术，针对用户的真实使用行为进行数据采集、挖掘和智能分析决策，快速准确地找到客户。对于即将迈入人工智能时代的销售从业者来说，拥抱技术、学习技术、应用技术成为必然，这也是销售从业者在未来的五至十年里赢得市场竞争的必备技能。

# 3. 竞品要分析

[ 知己知彼，百战不殆 ]

谈到竞争，我们本能地会想起《孙子·谋攻》中的一句话，"知己知彼，百战不殆"。或许你还听说过这么一句话：**"我干掉了所有的同行，却输给了这个时代。"**这两句话告诉我们不仅要分析、了解直接的竞争对手，还得关注潜在的竞争对手，尤其是那种跨界打劫不跟你"讲道理"的竞争对手。

我们分析并了解竞争对手，主要的目的就是要掌握竞争对手的市场销售策略，以便我们策划出更好的、更具针对性的市场销售方案，来主导整个市场的销售，同时能够引导竞争对手的市场行为。要想做好竞争对手分析，先问自己以下三个问题。

## （1）谁是你的竞争对手

这看似是一个非常简单的问题，但根据我自己之前带销售团队，以及最近三年辅导培训的多个销售项目经验来看，80%的销售人员回答得不够好，或者说对竞争对手的重视程度还不够。他们往往只会关注自身产品的优势，客户的需求，被动地从客户那里了解竞争对手的价格，却从未深层次地分析竞争对手真正的市场策略。更有甚者，连如何快速找到竞争对手的方法都不是很了解。

十几年前我刚刚进入销售行业，当时的领导跟我说过一句话："**三问一参：问客户、问代理商、问合作伙伴、参加行业会议。**"这么多年过去了，我一直在沿用这一方法，因为它简单、直接、有效果，尤其是参加行业协会举办的会议。只要一年内参加两至三次这样的会议，到各供应商展台详细咨询一番，再搜刮一套资料带回公司仔细地研究，基本上也就了解得差不多了。

**客户方面**，关系好的老客户会主动告诉你他们了解到的一些竞争对手的情况，尤其是他们觉得有特色、有亮点的竞争对手。有的看似是一些很不起眼的刚进入这个行业的小公司，但这些小公司的特点非常明显，科技感十足。而这些科技创新型的小公司，我们通常会有所忽略，如果老客户在第一时间反馈这类竞争对手时，我们能引起足够的重视，就可以更好的规避竞争风险。

**代理商方面**，已经战略合作的区域，你可以直接问代理商、合作伙伴平时对接客户的时候都遇到过哪些同类企业，这些企业在当地区域是否举办过市场活动，他们在当地市场的用户口碑如何，有没有合作一些标杆客户，是否体验过产品，他们相比我们的最大的差异化竞争优势是什么，多听听当地代理商、合作伙伴的客观评价。还没有合作的区域，跟代理商谈合作的时候，代理商一般都会问你跟同行 A/B/C 公司有何不同，这样你从侧面就能了解到竞争对手的大致情况，这些对手当中有些可能是你原来熟悉的，有些可能是你原来没有听说过的，遇到没有听说过的一定要引起重视，花点时间好好研究一下，或许最大的竞争威胁就在这些没有听说过的对手当中。

## （2）找出你的竞争对手

通过行业会议、代理商、合作伙伴、客户以及其他各种途径，可以搜集几十家甚至上百家国内外的竞争对手资料。找到这些竞争对手之后，先对他们简单做一个了解，明白他们的主营业务、产品形态以及竞争优势是什么，主要的合作客户都有哪些，大致梳理一下竞争对手的范围。

在此基础上，再与公司自有的产品、客户做一个详细对比，基本上就可以找出主要的竞争对手是哪几家了。根据我的个人经验总结，竞争对手一般不会超过五家，极限也就是十家。如果超过十家以上，那么极有可能是你们公司自己的产品定位不够清晰，这个时候更应该好好反思或重新规划一下自己产品的定位，聚焦是产品的第一原则。

找出主要的竞争对手之后，依据产品的相似度、客户重叠度、市场策略等排出优先级，产品相似度越高，客户重叠度越高的竞争对手，越要加以重视。依据 4P、5R、6C 等相关理论好好分析，画出竞争对手的详细图谱。

## （3）详细解剖你的竞争对手

要想深入剖析你的竞争对手，离不开以下八个层面，只有每一个环节都做到位了，了解透彻了，才能够真正做到"知己知彼，百战不殆"。

a.**详细了解竞争对手的产品。**竞争对手的产品解决了哪一类客户的哪些具体问题，竞争对手的优势是什么？劣势是什么？客户口碑及影响力如何？产品实用性如何？更新迭代速度如何，有没有新技术的应用？相比竞争对手的产品，公司产品的差异化竞争优势在哪里？有哪些不足？市场机会在哪里，会有哪些潜在的风险？把这些问题搞明白了，对产品基本上也就了解得八九不离十了。

b.**详细了解代理商运营的能力。**十几年前业内曾流行过一句话："**得代理商者得天下。**"因为当时自己的经验不够丰富，所以对这句话的感触不是很深刻，但在近七八年的摸爬滚打中，我越来越能体会到这句话的分量。当公司的产品和竞争对手的产品相似度非常高的时候，比拼的就是代理商的经营管理能力。谁能够真正经营好代理商，让利给代理商，成就代理商，让代理商把你当朋友，谁就能够赢得市场竞争。要想提升代理商的真诚度，核心法门在于让利，让代理商挣到钱，而不是跟代理商争利。

c.**详细了解竞争对手的价格策略。**针对竞争对手最近两三年的产品价格政策，做一个详细的分析，一是要了解产品或服务的定价策略是不是比较灵活，二是要了解价格调整的浮动性大不大，三是了解竞争对手议价能力强不强。我的建议是不管竞争对手采取什么样的定价策略，自己公司的定价策略都不要太过于单一，可以相对灵活一些，打包服务可以更加多样化一些，这样议价能力会更强。过于单一的价格策略，很容易让对手摸清我们的价格规律，让他们在激烈的市场竞争中打得我们措手不及。

**d. 详细了解竞争对手的销售策略。**很多时候，我们看不惯竞争对手高调的市场宣传活动，也瞧不起竞争对手夸大其词的媒体炒作，我们把竞争对手的这一系列动作称之为不接地气。而我个人认为，产品和服务一定要保证品质，一定要做实。而市场，有的时候可以稍微虚一点，不要太离谱就行，不是有句老话说得好嘛，"水至清则无鱼，人至察则无徒"。后来我把它总结提炼出来一句话：**对内要做实，对外可以虚一点，内外结合，实虚结合，这就是市场策略**。我一贯主张拥抱变化，只要客户觉得竞争对手好的，我们就要主动学习并运用到自己的销售工作当中来，只要能够抢占客户心智提升市场占有率，在合法诚信经营的基础上我们要放开手脚加大市场力度，快速抢占市场。

**e. 详细了解竞争对手的客户服务能力。**产品好，是打通市场的第一步，代理商和合作伙伴给力、客户买单，是打通市场的第二步，做到前面这两步还不算赢，只有把客户服务好了，让他们成为你的铁杆客户，成为你真正的朋友，这才算落袋为安。不是有这么一句话么：**服务才是销售的开始**。这句话，在传统行业可能体会得不是那么深刻，但绝大多数产品免费，依靠增值服务收费的移动互联网行业，对这句话应该是感触深刻的。谁家的服务信息化、智能化程度高，响应及解决客户问题快，服务效率高，且抱怨投诉低，谁家的服务能力就强，客户口碑就好，自然竞争能力就强。

**f. 详细了解竞争对手的市场占有率以及增长潜力。**剖析竞争对手的时候，两类竞争对手是最值得关注的，一类是市场占有率比较高的，一类是增长速度比较快、增长潜力比较大的。对标分析，主要分析的就是这两类客户。竞争对手市场占有率比较高，说明竞争对手的整体综合实力比较强。竞争对手增长速度比较快，说明竞争对手的产品或服务比较受欢迎，增长潜力不错。针对不同的竞争对手，应该采取不同的市场应对策略。

g. **详细了解竞争对手的品牌影响力。**或许你曾经在销售培训课堂上听过"一双鞋子的故事"，老师会拿出一双不带任何商标的鞋子，问学员愿意花多少钱购买。这一问，学员的回答五花八门，各种价位的都有。当老师再拿出一双一模一样但带有商标（常见的商标）的鞋子，问学员愿意花多少钱购买的时候，学员的回答不再那样天马行空，价格开始有了范围，高低价位区间在 100 元左右。当老师为这双鞋子贴上的商标不一样时，学员心理预期的价位也就不一样。老师讲的这个故事，只是想要告诉学员品牌的影响力、品牌的价值以及品牌的溢价能力。

h. **详细了解竞争对手的销售团队及薪酬制度。**什么产品、代理商、合作伙伴、运营手段、定价策略、市场占有率及增长率、市场口碑及品牌影响力、美誉度，说到底都是团队打造出来的。市场竞争，其实也就是人才的竞争，最终比拼的还是团队的整体协同作战能力。我们要对竞争对手的核心创始团队，销售总负责人及各区域负责人的家庭背景、工作经历、性格特征、兴趣爱好、个人特长等做非常详细的调查了解，对整个销售团队的人才培养体系、晋升机制、薪酬考核制度、销售规划、市场策略等做全面的了解分析。只有真正懂你的竞争对手，才有战胜竞争对手的可能。

## （4）市场应对策略

全面系统地分析竞争对手，找到客户没有被满足的需求或客户抱怨比较多的产品及服务，才是了解竞争对手的最主要目的。找到还未被满足的客户需求，基于客户需求来研发产品。同时分析竞争对手的实际情况，他们采取什么样的方式来满足客户的需求，之后制订差异化的产品策略，才是核心。

只有具备差异化的竞争能力、与众不同的产品，你才能更好地进行市场销售。与竞争对手的差异化就是你最大、最好的卖点，要通过这个差异化构建客户认知，快速抢占客户心智，占领市场。这个差异化，可以是应用了最新的技术，让产品或服务变得更加智能、便捷和高效；降低了生产成本；在保证产品质量的同时降低了人为的风险事故；等等。

科学技术是第一生产力，创新源自技术。要想真正提升市场竞争力，首先要提升产品的竞争力，提升产品的技术含量，提升产品的差异化特征。一个有市场竞争力的产品，才能真正做到让销售变得更具竞争力，让销售工作更加容易。

总之，分析竞争对手的目的是多种多样的，但简而言之就是为了让公司能够更加有效地实施"进攻"或进行周密的"防御"。如若发现竞争对手新开辟了一个细分市场，那这对公司来说可能是一个新的发展机遇，可以考虑采取跟进；如若发现竞争对手开始入侵自己公司已经开辟的细分市场，那这就意味着企业将面临新的竞争与挑战，需要提前对该市场进行布局，迎接竞争。

# 4. 产品要有料

[独一无二，奇货可居]

一款客户喜欢的好产品，会在销售过程中帮助你主动成交客户，从而带动其他产品的销量。它能让你的品牌瞬间增值，给你带来指数级的业绩增长，这就是好产品的力量。要想打造出来一款好产品，企业不光要花费很多的人力、物力和财力，还得有"懂客户、懂需求，并具备持续创新能力"的好团队。只有这样，才能研发出客户真正喜欢的好产品，为顾客持续创造价值。

**要想打造一款有竞争力的产品，首先要精准的定位目标客户群体和真实的使用场景。** 你的目标客户是谁？客户会在什么场景下使用产品？这个场景是刚需、高频的吗？搞明白了这些问题，然后再问问自己，解决这个问题能为客户带来什么价值，是否包含商业价值。要知道，一款好产品的评价标准是既能解决客户问题，又能为客户持续创造价值，还能为企业带来商业价值。要想打造一款有差异化竞争力的好产品，切忌一个"贪"字，

**不要试图满足所有客户的所有需求，聚焦最重要。** 聚焦在你的目标客户群体上，切中他们的痛点，满足他们的刚需，引发他们的共鸣。

关于目标客户群体的定位，也是需要多维度、全方位考虑的，2B企业跟2C个人是截然不同的，比如2B企业，除了需要考虑企业的需求之外，还得考虑企业所属的行业特征，企业性质、企业规模、企业所属地域、采购流程、关键决策者、付费意愿以及支付能力、准入门槛等；2C个人，需要考虑的则是性别、年龄、家庭背景、文化水平、工作经历、经济收入、兴趣爱好、消费观念、消费意愿、消费习惯以及持续消费的能力等等。

只有我们对目标客户群体有了足够多的了解和充分的接触，才能既了解他们的痛点需求，又了解他们内心的情感需求；只有全面深入的了解客户的真实需求，才能更加准确地做好目标客户群体的细分和定位。

**要想打造一款有竞争力的产品，只满足客户的痛点需求还不够，还得有差异化甚至是独一无二的竞争优势。** 此书的前三章，即市场要找准、客户要找对、竞品要分析，其实就是为打造一款有竞争力的好产品做准备的。市场的精准定位、客户的痛点需求、竞品的优劣势分析、客户体验的引导、产品的运营以及持续迭代优化，每一个环节都非常重要，每一个环节都必须做扎实。

只有发挥工匠精神，才能把产品的每一个细节做精，才能在成本投入相同的情况下，生产出比竞争对手品质更优的产品，才能激发客户的购买欲望，引发新的消费行为。也只有这样，才能真正做到"人无我有，人有我优"，产品才更加具有竞争力。

**要想打造一款有竞争力的好产品，还得有画面感，即对客户真实使用**

**场景的还原。**当今这个移动互联网时代，人们对手机的需求有了非常大的改变：喜欢玩游戏的用户群体希望电池好；喜欢听音乐的用户群体希望音质好；喜欢旅游拍照的用户群体希望像素高……于是手机生产厂商们开始打造出"电池好、音质佳、像素高"等不同的卖点，还有专门打造"手机通话加密"来保证通话安全这个卖点的，说明客户的需求开始走向多元化、场景化、个性化。

以上三点告诉我们，要想打造一款有竞争力的好产品，这个产品必须是解决客户某个痛点需求的最优的选择方案。包括付出的成本最低、满足痛点需求最到位、产品简单易用易传播，这样才可以让产品在首次消费中获取大量的用户，打赢产品的首发战。同时，这个产品还需要具备让客户持续多次消费的能力，这个多次消费包括客户自己重复的消费，还包括客户影响身边的朋友去产生消费，如此产品所覆盖的消费基数才能增加，才称得上是一款真正有竞争力的好产品。

总体来说，**要想打造一款有竞争力的好产品，一是要客户聚焦，二是要技术创新，三是要独一无二，四是要物美价廉，五是要有持续增长潜力。**这还只是基于产品战略层面的思考。具体到产品的执行层，拿互联网产品举例子，还得做好以下四点。

**客户需求转化到产品功能层面的能力。**把客户需求转化成为有形的产品，可不是一件容易的事情。首先，要梳理需求清单及每一项需求所对应的客户真实使用场景，备注好每一项需求所对应的产品功能规格说明。其次，需要做好需求的优先级排序，且尽量不要超过三级，因为层级越多，用户体验就越差。

**产品功能的业务逻辑结构和页面流的设计能力**。通俗点来说，就是在客户的需求基础上结合客户的操作使用习惯来设计产品的业务逻辑，也叫作交互设计。简单点来说，就是要描述清楚客户在不同的场景下可能的操作习惯和使用行为，产品应该如何配合和响应这些行为，简单、直接、傻瓜式的将信息表达给客户。

**具体页面的整体布局设计能力**。这点体现的是页面的结构和布局，例如横幅（banner）的位置、按钮的位置。好的设计，就是当用户需要的时候它恰好就在那里，没有一丁点多余的元素。页面布局要符合用户操作使用习惯，比如将重要信息放在最佳视域（当眼睛偏离视中心时，在偏离距离相等的情况下，人眼对左上的观察最优，而后依次为右上，左下，右下最差。因此，左上部和上中部被称为"最佳视域"）。

举个例子：某旅游景点要修一条上山的小道，设计师先不用忙于设计，而是沿着原来山上已有的老路爬一次。爬的过程中查看四周地形，用本子画好草图做好标记，拍好照片。设计时以此为基础，在原来的小道上稍做调整就可以了。因为这样不但符合爬山人的习惯，而且可以大量的节约成本，提高修路的效率。这个例子充分体现了"以用户为中心"的思想，以"用户行为习惯"为基础的设计理念，有四两拨千斤、极大发挥产品效益的作用。

**视觉效果的设计能力**。这个是最直观的，无论打开哪个APP，你看到的所有形状、文字、色彩都属于视觉效果设计的范畴。视觉效果决定了客户的第一印象，同时还可以通过形状大小、字体大小、颜色深浅等视觉效果来影响客户感知，抢占客户的心智。

总之，从一个想法的萌芽，到市场调研、客户需求分析、竞品分析，再到需求整理、产品规划、流程设计、页面设计、视觉设计，最后到研发生产，打磨出原型、反复测试后正式推出成品，是一套非常复杂的工艺，如果你之前主导过产品开发，应该会对此深有体会。

产品生产出来推向市场后，如何在最短的时间之内采取最快的速度触及到最大的客户群体，引起客户的关注、体验及购买，这是销售需要解决的首要问题。只有产品、销售都好，才能真正实现从"单品—精品—爆品—多品—品牌"的成长过程。以下是在销售环节中需要注意的几点。

**流量在哪，销售在哪**。当你的销售预算和人力不足以全网推广的时候，找到潜在目标客户群体最多、最集中且最活跃的渠道，聚合所有资源，先把这个渠道打深打透，抢占这个渠道客户的注意力，先在这个渠道做到第一。

**一个感人的故事必不可少**。这是快速抢占用户心智，快速形成传播必不可少的道具。故事要感人、要真实、要富有正能量，如果能够上升到社会责任感与民族自豪感、民族复兴等主题上来，客户的主动传播力度会更大。

**饥饿营销要恰到好处**。不管是举办新品发布会、老客户答谢会，还是其他的打折优惠活动，都要与"抢购、拼团"相结合，只有这样，才能激活社交，不仅让率先抢购、拼团成功的客户有炫耀的资本，还能弥补一下客户内心的空虚。

**跟业内 IP 合作**。任何行业、任何领域都有一些权威的专家、意见领袖、大咖、大 V，甚至网红。我们要借助他们在业内的影响力及口碑、流量，进行大力传播。因为绝大多数的消费者都有从众心理，从众心理可以激活更多潜在用户加入到购买的队伍中。

**返利机制。**一个好产品，要想快速形成裂变，就得让利给客户。让利最直接的办法就是要让客户既是你产品的消费者，又是你产品的销售者。一套好的会员推荐返利机制的设计非常重要，它对能不能形成持续的重复性消费，能不能黏住用户，构建客户社群，形成真正的利益共同体来说，极其关键。

总之，要想打造一款好产品，首先要能够解决客户的问题，满足客户的需求，且能够为客户持续创造价值；其次还能够让企业获取商业价值回报。一款好产品，必须能够找到客户价值和商业价值的结合点，同时能够满足客户价值和商业价值的需求，通常就是最核心的需求。切记，不是所有的客户需求都必须在今天满足，如果客户的需求跟商业价值无法契合，那么它的优先级可能就会被降低。只有基于客户价值和商业价值共同的价值基础之上设计产品和运营体系，才能打造出客户、用户、企业三方都喜欢的产品，也只有这样的产品才会更有生命力，才有可能被打造成为真正的爆品。

# 5. 伙伴要靠谱

## [ 志同道合，不离不弃 ]

找对人，才能做对事。要想打造真正的虎狼之师，找到志同道合的合作伙伴至关重要。人找对了，事就成功了一半。事业合作伙伴可以是你的朋友、同学、同乡，也可以是你的老同事，只要他品德优良、学习能力强、善于沟通、执行能力强、不太计较个人得失且优势互补，就有可能和你一起成就一番大事业。在激烈、动荡的市场竞争环境下，能够存活下来的组织，一定不是实力最强大的，也不是最聪明的，而是那些最能适应商业环境变化的组织。如果你不能做到顺势而为，那么你就会被残酷的市场竞争所淘汰。

"一个篱笆三个桩，一个好汉三个帮"，要想成就一番伟大的事业，仅凭一己之力是不可能的，毕竟每个人的时间、精力和能力都非常有限，一个人不可能把一个组织需要干的事情都干了。只有那种学会整合资源，成就他人的人，才有可能真正成就伟大的事业。

我时常跟身边创业的朋友分享一句话：有多少人愿意主动帮你，你就能成就多大的事业。干事业，比拼的不只是个人的业务技能。这个能力，大多数的创业者都有。干事业，比拼的是经营能人的能力。

干事业，需要寻找那种有**共同价值观和远大抱负**的人或代理商合作。不能和没有使命感的人或代理商合作，因为他们只知道挣钱，过于追逐名利，很难长期合作。能够真正在一起成就一番伟业的，都是那些不计较眼前小利的人或代理商，这群人才是你真正的事业合作伙伴。

干事业，需要寻找那种**有原则**的人或代理商作为事业合作伙伴。不要和那种没有原则的人或代理商合作，因为他们眼里只有钱，为了钱，他们可以没有诚信，不讲规矩，甚至不择手段，与这样的人或代理商合作，迟早会出问题，迟早会散伙。真正的事业合作伙伴，应该是讲原则、讲规矩、有诚信、重感情的人。

干事业，需要寻找那种**把集体利益放在最前面**的人或代理商。私欲太重的人或代理商也不适合成为事业合作伙伴，因为他们只会看到眼前的小利，只会在意个人的得失。他们看不到为了实现伟大的事业梦想，需要大家一起付出更大的努力和艰辛。企业一旦遇到困难，这种人会成为团队抱怨的导火索，成为团队凝聚力最大的杀手。

干事业，需要寻找那种**有人情味**的人或代理商作为你的事业合作伙伴。与这种人或代理商合作，你不会有太大的心理压力，能够体会到工作给你带来的快乐。他们会考虑你的付出，给予你认可和鼓励，增强团队的凝聚力。中国是一个人情味比较重的国家，这是我们的传统文化，懂得尊重他人，成就他人，让他人变得优秀，我们自己才能更加优秀。

干事业，需要寻找那种**有正能量**的人或代理商合作。有正能量的人或代理商就像阳光雨露，时时激励整个团队，即便遇到困难遇到阻碍，大家都会齐心协力，共进退，一起渡过难关。负能量的人只会给企业制造更多、更大的阻力和麻烦，让企业的目标变得遥不可及。看代理商有没有正能量，主要看这家代理商的老板及核心创始团队，还有企业文化。

干事业，需要寻找那种**懂得感恩**的人或代理商合作。他们知道团队的努力，懂得你的付出，他们会更加努力的工作，懂得感恩就不会负义。懂得感恩的人，运气都不会太差。跟一群懂得感恩的人在一起干事业，感恩思想也会感染到你的客户，能够让更多的客户愿意主动帮你，跟你合作，相互成就。

**好了，我们对合作伙伴提了那么多的要求，那么，对自己又有何要求呢？**

**自知。**知道自己能够做什么，能够做好什么，自己不擅长的事情记得找人补位，只有保持开放、包容的心态，和比自己优秀的人一起，组建一个优势互补的团队，才能走向成功。如果说自古至今平凡人的失败皆是因为懒惰，那么那些极富才华的人的失败，则多是因为骄傲孤高、容不下比自己优秀的人。

**正直。**成功的创始人首先要为人正直，有好的人品，这是前提条件。做事先做人，如果人品有问题，那一定走不远。人品好不好，一看平时表现，二看朋友们的评价，三看原生家庭。

**远见。**要想成就一番伟业，创始人要有深厚的阅历和长远的识见，并以自己的才能作为辅助，辅助比自己更加优秀的人一起成功。成就大事，一半在于人的谋划，另一半就要看天意，所谓的天时地利人和就是这个道理。用一句非常简单的话，来形容创始人的工作职责就是：找人、找钱、找方向。其中找方向指的就是创始人要富有远见。

**学习**。创始人还必须要有极强的学习能力。汽车之家的创始人李想就是一个非常善于学习，又极具学习能力的人。高中毕业的他，能够带领一群比自己优秀的牛人把企业经营上市，若是没有惊人的学习能力是无法办到的。我记得在一次采访中，当记者问起创始人必须具备哪些优秀的特征时，李想把学习能力放到了第一位。

**信心**。创始人必须对自己创立的事业足够自信。在困难面前，在企业面临艰难抉择的时候，在企业内部管理出现问题、外部竞争环境恶劣的情况下，创始人坚定的信心，一定是团队能够坚持走下去的最重要的动力。如果创始人都不够自信和坚持，那最终的结果一定是失败。想想当年的红军，如果不是因为有坚定的信仰，岂能爬雪山过草地，走完两万五千里长征路。

**格局**。只会指责别人的缺点，而忽略自己的缺点或自我认为这并不是缺点；经常在别人面前炫耀自己的长处，而去嫉妒别人拥有的长处都是不行的。创业过程中，创始人不但要与团队成员有良好的合作，还要与外界伙伴达成共识、密切合作。因此，创始人要有格局，要有大局意识，千万不能小家子气，这样才能团结更多的人一起去实现公司的战略目标。

**应变**。当今世界是一个极具变化的世界，无论是新的技术变革，还是客户需求，无论是政策环境，还是经济形势，都在不断变化。在瞬息万变的商场，作为创始人必须要有极强的应变能力，要能迅速做出决策、找到应对办法。

**坚持**。创业的路就像九曲十八弯的黄河水，沟沟坎坎不断，创始人必须具有坚毅的品质，百折不挠的意志，才能带领团队克服重重困难，奔向胜利。创业是一场马拉松，能够跑到终点的才是赢家。成就伟业，贵在坚持。

**勇气**。选择创业，就是选择了一条不归之路，决定开始创业，就意味着原来稳定安逸的生活消失了，就意味着要不断面临不确定性、不断面临抉择、不断面对风险，创始人一定要有闯关的勇气，一定要有战胜困难的决心，这种气势是团队坚持下去的能量来源。

**勤奋**。创业艰辛，要学的东西很多，要做的事情很多，俗话说，勤能补拙，一勤天下无难事。越是优秀的人越勤奋，越会把时间安排得非常紧凑，获得极高的时间价值。作为创始人必须要勤奋，一方面自己要有处理大量事情的能力，另一方面也要去建立公司的勤奋文化，这对于促进团队成长是很有帮助的。

**分利**。作为创始人，在面对利益时，不能只是一味独享。面对利益时，一定要权衡取舍之道。在创业之初，就要规划好股权结构、退出机制、股份转让、分红机制以及薪酬激励体系等。

**感恩**。作为创始人，不要只看到他人的小缺点而忽视其优点，也不要因为一点小怨气而忘记了他人对你的帮助。学会感恩，是一位优秀的创始人应该具备的基本能力。因为创业，就跟唐僧去西天取经一样，不经历九九八十一难，岂能修得正果？途中要不是有各路贵人相助，岂能一路披荆斩棘，成功达到终点？人常在，情常在，感恩之心常在。

总之，干事业，真正要找的是一群有着共同价值观、共同使命，且懂得相互欣赏、彼此尊重、互助互爱，能够一起成就伟大事业的合作伙伴。这群人，一定是因为共同的梦想走到一起，一定是因为共同的社会责任感和担当走到一起，一定是因为想让世界变得更加美好的伟大愿景走到了一起，而不只是为了赚钱。

## 举例说明

我们中国就有一家拥有这种思想理念的民营企业，这是一家拥有近20万员工且至今还没有上市的企业，这家企业一直秉承以奋斗者为本，以持续为客户创造价值的核心理念。公司董事长在和员工吃饭时从来不让员工掏钱买单，出差自带行李、打出租车也是常有之事，但就是这样一位艰苦朴素的董事长，愿意花一两百万的年薪在全世界招聘少年天才来夯实公司的技术实力，去迎接更加残酷的全球化市场竞争。这家民营企业便是华为，董事长便是年过七旬的任正非。我们一起来详细了解并学习一下华为的企业文化和人才观。

华为非常崇尚"狼"文化，认为狼是企业学习的榜样，要向狼学习"狼性"，认为狼性永远也不会过时。作为最重要的团队精神之一，华为的"狼性文化"可以用这样的几个词语来概括：学习、创新、获益、团结。用狼性文化来说，学习和创新代表敏锐的嗅觉，获益代表进攻精神，团结则代表群体奋斗精神。

华为总裁任正非创建的华为文化，以文化为先导来经营企业，是任正非的基本理念，他的一些讲话可以帮助我们理解华为文化的内涵。任正非认为资源是会枯竭的，唯有文化才能生生不息。他说："人类所占有的物质资源是有限的，总有一天石油、煤炭、森林、铁矿都会开采光，而唯有知识会越来越多。以色列这个国家是我们学习的榜样。一个离散了两个世纪的犹太民族，重返家园后，他们在资源严重贫乏，严重缺水的荒漠上，创造了令人难以相信的奇迹。他们的资源就是聪明的脑袋，他们是靠精神和文化的力量，创造了世界奇迹。"

正是因为任正非极度重视企业文化和优秀人才，才会提出"不拘一格降人才，烧不死的鸟是凤凰、泥坑中爬起来的是圣人"，以及"胜则举杯相庆、败则拼死相救"的集体主义精神和密切合作的精神。华为一直强调领导队伍的使命感与责任感，具备战略洞察能力、决断力、心怀梦想、勇于挑战、敢于当责，是华为对优秀主管的要求，这些特质，造就了华为独一无二的用人标准。华为还比较看重经得住苦难、挫折和磨砺的人才，在企业高层到基层不断开展的批评和自我批评中，实现凤凰涅槃般的重生，不管战绩是胜是败，进行反思与总结才是王道。在内部团队合作之中一直保持荣辱与共的心态，一方有难八方支援，这增强了企业部门内部以及彼此之间的协同作战能力，同时让大家在互相帮助中懂得感恩和感激。

华为人有着吃苦耐劳、艰苦奋斗、爱岗敬业的精神，这些精神源自华为的狼性文化、垫子文化、不穿红舞鞋文化。要知道，每一位加入华为的市场销售人员，第一关就是"文化洗脑"。从人才选择来看，其实在校园招聘环节，华为就开始宣导企业文化了，从校园推介会到笔试、面试，再到公司参观及宴会，最后到魔鬼般的培训，整套流程下来，他们会通过层层地文化熏陶，来让你成为地地道道的华为人。

光有文化驱动还不行，还得要结合利益驱动。利益驱动不能只挂在嘴上，要有实际行动。作为华为创始人兼董事长的任正非，在华为只占1.4%的股份，其余98.6%的股份都分给了团队，把企业真正做成大家可以为之共同奋斗的事业。华为不接受外来资本，我猜一是不想大家的劳动成果被资本剥削，二是不想受资本逐利的影响，导致不利于公司的长远战略发展。

最后我想说，要想伙伴靠谱，先要自己靠谱。只有自己靠谱，靠谱的小伙伴才会愿意主动向你聚拢。俗话说得好：身先足以率人，律己足以服人，轻财足以聚人，量宽足以得人。得人心者得天下。

# 6. 思路要清晰

[ 运筹帷幄，决胜千里 ]

每一场销售战役的胜利，都可以归因于前期工作的精心准备，包括足够了解市场变化、客户需求、竞争对手以及自家产品的竞争优势和销售团队的整体实力。正所谓运筹帷幄之中，决胜千里之外，只有前期做好充分准备，才能够做到知己知彼，百战不殆。要知道，每一场销售战役的胜利，都是销售人员在市场上与竞争对手贴身"肉搏"，一个项目接着一个项目打下来的，非常不容易。

对于如何在具体的项目中顺利赢单，"大客户销售八部曲"或许能对你有所帮助，这是我过去十几年从事销售以及销售运营管理工作时的经验总结，其中包括具体的销售思路、工具和方法。只要你能够学以致用，从这八个方面提前做好准备，我相信它一定可以帮你在具体的项目上提高成交率。

## （1）你的客户是谁?

要搞清楚客户背景，不管客户需求如何，先对客户有一个全面的了解和认识。对客户的发展现状，所属行业、行业地位、主营业务、竞争优势、企业文化、创始人以及核心团队、组织架构、最近的新闻资讯等，做一个全面深入的了解。如果能够对客户所属行业的现状及未来的发展趋势，有一些自己独到的见解就更好了。

准备工作做得越详细，对客户以及客户所属的行业了解得越透彻，你表现出来的能力就越专业。在实际的交谈过程中会让客户比较欣赏你，觉得找对了人，愿意与你深入交流，不会产生距离感。

如果你不但可以解决客户遇到的现实问题，还能够结合客户的实际情况给出未来发展中战略性的思考和建议，让彼此之间的合作提升到战略层面，为客户创造更多的价值，让客户获得更大的成功，那么客户会对你产生信任，提供更多的合作机会。

这就是为什么需要提前充分做准备的原因之一。充分做准备会让自己变得更加专业，赢得客户的认可。

## （2）痛点需求是什么?

聊到需求，首先我们要能达成一个共识，那就是市场上没有一款产品能够100%满足客户的所有需求。好的产品或者说契合度比较高的产品，能够满足客户80%~90%的需求就已经非常不错了。

a. 如果这剩余10%~20%的需求；不是客户的痛点需求的话，是完全可以引导客户的。说实话，只要能够满足客户的关键使用场景，其他不重要、不紧急的甚至是可有可无的需求，都可以暂时不做，或者可以通过其他途径（比如人工服务）实现，又或者可以放到产品的迭代升级优化中实现。

b. 如果这剩余 10%~20% 的需求非常重要，那么你需要详细了解重要的原因在哪里。是哪一类客户期待这个需求能得到满足？他们的期望度有多高？他们具体的使用场景在哪里？详细了解完之后再和公司同事一起商量，拿出具体的解决方案再和客户去沟通。此时切记一点，找谁去沟通，这个"谁"非常重要。因为你提出的解决思路和办法，通过对接人转述做汇报的时候，会有信息偏差，导致提出这个需求的人无法接收到你的真实想法和解决办法。这其中或许存在一种可能，就是提出这个需求的人只是随便说了一句话，到了项目对接人那里就变成了必须要满足和实现的需求。所以直接见到项目的关键决策人，结合项目的整体情况沟通，给出分析、建议和解决方案会更好。

c. 另外，如果是同行业客户的话，那么大多数客户的需求基本上都是大同小异的，一般情况下是能够满足需求的。只要你对客户所属的行业、对公司的产品足够熟悉，用心讲解产品和服务就可以了。如果遇到客户没有具体需求的情况，其实也比较好处理，找几个和这个客户特征差不多的成交客户，通过案例分享的方式引导客户的需求。根据我的市场经验，只要你分享的情况属实，客户的认可度还是非常高的。

准确无误地了解客户需求至关重要，因为你需要通过了解客户的需求来判断是否有机会合作，以及合作的成本、收益及风险。

### (3) 如何组建项目团队？

原则就一条：什么样的客户需求，组建什么样的项目团队。在实际项目跟进过程中，有不少典型的失败案例，具体表现就是销售人员只和客户方的项目对接人联系，虽然对接人很满意，甚至对销售人员说合作的机会很大、最符合项目需求、价格也比较合适，但是最后的结果是客户和其他竞争对手合作了。销售人员呢？还不知道发生了什么，为什么结果是这样子？投入了那么多的精力，给客户那么多支持，精心挖掘客户需求，第一时间为客户提供服务，经常加班加点做方案，准备资料，做标书等，项目跟了大半年，最后为竞争对手做了嫁衣。

那么问题出在哪里，出在谁的身上呢？很多销售人员都不是特别清楚。因为大多数销售人员并不具备项目管理的能力，这里需要提醒大家以下几点。

a. 在最初接触客户的时候，就要了解项目的采购流程，都有哪些部门、哪些人参与采购，哪个部门是最关键最核心的部门，谁是这个关键部门的关键人，最终的决策者又是谁。必须全面了解清楚，且尽量掌握部门与部门之间的上下级关系以及参与人之间的人际关系等。

b. 需求业务部门、人力资源部门、IT 信息部门、采购部门、财务部门、综合办公室等部门的意见是否一致，他们各自的态度和想法是什么，哪个部门的具体什么人提出了反对意见，他居于什么样的职位……这些你都要了解得清清楚楚。

c. 客户方项目组人员都有哪些具体的想法，他们是倾向于和我们合作还是和竞争对手合作，他们选择我们或竞争对手的原因是什么，他们最关心的话题又是什么？客户方项目组人员的性别、年龄、职位、在岗年限、工作能力、教育背景、家庭情况、兴趣爱好以及私底下的人际关系等，尽可能地了解清楚。

d. 通过详细了解客户的具体情况，销售人员能够了解客户方整个项目人员的架构，清楚客户那边谁的意见最重要，关键时候应该找谁，谁是关键决策者，谁是技术把控人，谁是协同参与人，谁是采购对接人，谁是财务、法务对接人。只有掌握这些信息，对客户的需求和后期解决方案的跟进才能比较清晰，才能知道如何更好地去对接、去推进合作。

e. 有时一个项目所涉及的部门、人员比较多，没有办法随时清楚每个部门每个人的想法和看法，所以很难把控所有环节，这就需要销售员自己找到项目中能够帮助和支持自己的人，辨别是否有反对者，想办法转变反对者的立场，让其保持中立。

f. 结合客户方的项目人员架构组建自己的项目团队，而不是让一个销售人员去"打通关"。我们需要找到在职位、专业度、项目经验等方面与客户方对等的人负责对接。职位对等、专业对口、经验相当、领域趋同，才能有话可聊。

## （4）如何有效跟进项目进度？

首先，需要了解项目的整个流程，清楚项目所处的发展阶段。因为前期的选型阶段、立项阶段，正式选型（招投标）阶段，以及最后的商务谈判阶段，每一个阶段具体的参与动作、所要对接的项目负责人、问题的应对策略都是不同的。

然后，每一个阶段的项目都要认真对待，态度真诚且热情专业，做客户的引领者，把控好每一个阶段的每一个环节，带着客户向合作迈进。切记不要处于被客户利用的被动地位，导致自己热心地满足了客户的每一个需求，但却没有任何收获。

要确保不被客户利用，就得与客户搞好关系，渗透到客户内部，培养内线。我们不要求客户主动帮我们，但至少要通过内线了解客户的真实想法，竞争对手能够了解到的情况我们也能够同步知晓。很多项目丢单，败就败在这个环节。竞争对手对客户的需求、项目的进展情况、各供应商的情况非常清楚，而我们自己对客户的需求都知之甚少，更不要说通过客户了解竞争对手的情况了，在这种情况下岂能不败。

提前搞好商务关系，做好商务准备，让客户成为你的教练（Coach），告知你项目的具体情况，教会你具体的每一步该怎么做，你只需要按照教练的指示把每一个环节尽心尽力地办好就可以了。同时，你还要做好项目的情报搜集工作，以防项目有变。

## （5）如何提高项目的成交率？

总的来说，在了解项目背景的基础上，需要对项目需求的满足程度、项目的实际进展情况、客户项目组成员的选择意向、整个项目的选型流程、项目目前所处的阶段、关键阶段关键节点、竞争态势等做一个全面的了解分析，这样才可以有的放矢地阐述产品或服务的价值，以及清楚如何报价，如何做好价格防守和价值谈判，如何控制好客户的心理预期及欲望，正向带领，助力成单。以下是我觉得比较重要的一些策略点。

a. 建立项目框架、组建项目团队尤为重要，在销售人员对接不到客户的时候，可以让项目团队的其他人员去对接。多一个人对接，就多一次机会。再说了，我们要想与客户达成合作，不但要搞定项目决策者，还得搞定项目组所有人员，至少要让反对我们的人能保持中立。搞定客户项目组仅靠一个销售人员是不行的，需要靠一个项目团队才可以。

b. 第一时间与项目决策者取得联系。因为只有通过项目决策者，才能够真正了解客户对项目的真实态度，了解项目对客户的重要程度，以及客户在未来发展过程中的期望。重要的信息，都只能从项目决策者那里了解。

c. 找到"天使"（牵线搭桥的人）、教练和支持者很重要。尤其是教练，他可以指引你每一步应该怎么跟进，怎么出招，在具体的细节和动作方面应该注意些什么，确保你每一招都击中要害。

d. 作为项目经理，你不能只关注点，而要关注面，即了解项目的整体进展情况，从商务到产品、技术研发、竞争对手、最新动态等各个方面都要全盘掌控，尽量每天都能获取最新信息。

e. 不能只是为了跟进而跟进。跟进要讲究策略，要了解全面情况，每个人的情况，关键人的情况，决策人的情况，项目进展情况，公司发展动态，采购目的及战略布局等，了解得越详细，制订的跟进策略就越有针对性。

f. 不能只关注自己对项目的感受，或个别项目组成员的情况，因为这样极有可能会导致以偏概全，甚至可能输了全局。为了确保万无一失，每天要求项目组全体人员更新项目的跟进情况及分享对项目的个人判断，大家一起进行头脑风暴，全面剖析项目。

g. 时刻关注每一家竞争对手推进项目合作的过程，以及客户反馈出来的态度，以此来调整自己的跟进策略和方法。对于客户来说，当项目进入到最后的商务谈判阶段时，到底选择跟谁合作，很多时候都是凭感觉、凭谁在自己心目中的印象比较好。所以说，在项目跟进过程中，"真诚＋勤奋＋专业＋同理心"才能打动客户。

h. 要有危机意识，更要有乐观的心态，时刻准备接受最差的反馈结果。为了避免负面的反馈结果，你要时刻全力以赴。但也不要忘了，竞争是残酷的，你不可能搞定所有的客户。

i. 不仅要让客户认可你的产品，还要让他们相比于产品更加认可你这个人。与客户建立非常牢靠的信任关系，让客户有需求就找你合作。想要维护好客情关系，必须要专业扎实且积极主动，热情且不懈怠，让客户觉得你不可替代，除了你没有其他人可以去选择。

"大客户销售八部曲"，我讲了前面的五部曲，还有三部曲会在后面的章节中讲到。只要你认真、仔细地做好准备工作，一定可以大大地提高项目的成交率。

第二章

出招要正确

# 1. 邀约客户要话题

*[激发欲望，引发共鸣]*

在进行客户拜访的过程中，要通过话题激发客户的社交欲望，吸引客户的注意力，让客户对你的产品或服务投入更多的关注时间。只要客户感兴趣了，就会慢慢放下戒备之心，对你、对产品、对服务产生好感，也只有这样才能成功邀约拜访。学会投其所好，说出客户想听的话，说出客户想说的话，能够与客户产生共鸣，就是好的话题。

要想讲一个客户感兴趣的话题，首先要做的就是花大量的时间去了解他。了解客户的难处，了解客户的需求，做到真正懂你的客户，并且找到解决客户问题、满足客户需求的办法，只有这样才能让客户对你所讲的话题感兴趣。要想详细了解客户的需求，40% 靠专业知识，30% 靠人际关系，另外 30% 需要靠你的观察能力。以下 14 点是我个人经验的总结梳理，与大家一起交流探讨。

### （1）找到客户的真实问题所在

一般而言，大多数人都会对三类事情感兴趣：一类是和自己工作相关的，一类是和自己生活相关的，还有一类是和社会发展相关的，且这三类事情都需要符合"新鲜、奇怪、特别"的特征。作为一位优秀的销售人员，你需要时刻关注你服务的客户自身发生了什么变化，他所属的行业发生了什么变化，国家政策发生了什么变化，竞争格局发生了什么变化，客户对接人的工作职责、能力要求发生了什么变化，他们遇到了哪些职业机会同时又面临哪些挑战。不管是运用你自己的专业知识，还是通过你的人脉关系，或者是使用你独到的观察能力，总之，这些事情你都要了然于胸，能够透过现象看本质，发现一般人发现不了的问题。只有这样，你提出的问题说出来的话才能够真正地一针见血，赢得客户的认可。

### （2）学会扩大客户的"痛苦"

趋利避害是人的天性，人们都想追求快乐，逃离痛苦。为什么很多学生不愿意听老师的话，而绝大多数的病人都会听医生的话？道理其实是一样的。对于很多学生而言，学习就是一件苦差事，很多时候不是不愿意听老师的话，而是自律性太差。当然，这其中也不乏老师教育的问题——没有一对一地跟学生讲清楚学与不学，学得好与不好之间的利害关系。病人就不一样了，医生会一对一地给你做检查，如实地告诉你病情，如果不治，有可能会导致什么样的后果，如果治，具体应该怎么治，都会跟你说得清清楚楚。评估完利害关系之后，绝大多数病人都会乖乖地听从医生的话，按照医生说的方式去治病。

我时常跟学员们讲，我们不要试图成为客户的顾问，也不要试图成为客户的老师，而要真正成为客户的"医师"。我们市场业务人员的首要职责就是发现客户的真实问题所在，找到问题背后的病根，阐述清楚导致"发病"的"病因"及具体的解决办法。如果你说得针针见血，戳中客户痛点，客户岂有不听的理由？

## （3）提出你的解决办法

关于解决办法，最应关注的一点是，要针对问题分清主次和优先级，不要试图一下子解决所有的问题，要知道问题是永远也解决不完的，只要客户在不断发展，就会源源不断地产生新的问题。作为"医生"，我们要学会抓住核心的关键问题，优先解决好这个问题。因为只有解决好了根本的问题，其他的小问题才会有更好的解决办法，甚至是不治自愈。切忌眉毛胡子一把抓。

既然是解决办法，那就得落到实处，简单明了地告诉你的客户具体应该怎么做，可预见的结果是什么样子的，可能会遇到什么样的不确定性风险，如何提前做好防范和预警工作。同时明确好双方的职责权利，即如何检查、如何监督、如何考核，如何激励。你的解决办法，首要的目的是得到客户的认可和信任，只有客户相信，他们才会坚定不移地去执行，才有可能达到你预期的效果。

## （4）列出产品对客户的价值

再好的解决办法，光凭嘴说也不行，因为再好的概念也不足以打动客户为此付出实际行动，你需要结合你的产品，尤其是产品能够解决的客户问题，来告诉客户他们能获得的实际价值，且这些价值要可以被量化、可衡量、可实现才行。

说得再具体一点，你的产品要么能够提升客户的运营效率，节约成本，为客户省钱；要么能够提升客户的市场竞争能力，为客户挣钱。客户永远只对这两个话题感兴趣。

需要特别强调的是，你为客户提供的价值应该具有唯一性，只有通过你提供的产品和服务才能满足客户的需求。因为如果不具有唯一性，极有可能就为竞争对手做了嫁衣。所以说，提供差异化的产品和服务，才能真正体现出你的价值。

### （5）解释清楚你的产品为啥是最好的

根据我个人的市场经验，我一般会向客户说明以下三点缘由。

一是产品设计的核心理念。告知客户你的产品设计理念和客户的想法不谋而合，讲清楚当时就是因为发现了有些客户遇到过这样的问题，所以你们经过详细地市场调研，反复地分析求证后才研发了这款产品。

二是产品真实的使用场景。告知客户你的产品正好满足客户的使用场景，且是产品设计之初最主要的使用场景之一，讲清楚只有在这样的场景下使用产品，才能充分发挥出产品的性能和价值，才能物尽其用。

三是产品能够解决的问题。告知客户你的产品不能解决所有的问题，只能解决一至三个问题，最多不要超过三个问题，讲清楚客户的问题，正好是你的产品能够解决的问题且是匹配度最高的。把客户的问题放到你电子版的产品说明书当中，这样会更有说服力。

### （6）向客户提供可证明你产品的"证据"

一是你的产品申请的专利、著作权、质量认证、安全认证等一系列的资质证书，二是你的产品在各种竞赛中获得的奖状、奖杯及荣誉证书，三是你的产品在业内的客户口碑及品牌美誉度。要想获得客户认可，就得拿出这些"证据"，因为这是你实力的最好展示。如果没有，那就得从现在开始准备了，这些"证据"有时候比你的千言万语都管用。

当然，如果能够给"证据"穿个"马甲"就更好了。简单来说，就是给每一个"证据"想一个真实感人的故事，故事要充满正能量，要能与客户产生共鸣。争取得到客户的认同，甚至让他们愿意帮你在朋友圈做广告传播。所以说，产品的"证据"，不仅是搞定客户的砝码，还是网络传播展现实力的道具。

### （7）提供一个让客户占便宜的价格方案

贪便宜是所有客户的消费心态，你向客户提供的价格比较方案中，尤为重要的就是要突出你的产品、服务、质量不比竞争对手的差甚至还要好，但价格却比竞争对手便宜很多，让客户实实在在地占便宜。

商家们为什么要搞周年庆打折、拼团、众筹、反季清仓、会员打折、老客户答谢、以旧换新、熟人推荐等一系列的活动，目的就一个，满足客户占便宜的消费心态。

### （8）列出客户拒绝的各种理由

跑市场做业务的人，被客户拒绝应该说是家常便饭。可不同的销售人员，面对客户的拒绝，所表现出来的行为是不一样的。

有一类人，我把他们称之为懦夫，这类人整天只会抱怨，只会把责任推给客户或同事，只会找借口，从来不会反思是不是因为自己的能力不足，不会找方法。

还有一类人，我把他们称之为强者，这类人从来不会抱怨，客户的每一次拒绝，他们都会把拒绝的理由记录下来，找到问题的解决办法。这类人还会把客户拒绝的理由进行分类，标注哪些是真实的理由，哪些是搪塞的理由，哪些理由出现的频次比较高，哪些理由出现的频次比较低，客户一般会在什么场景下拒绝……他们把这些都记录得清清楚楚，并形成自己的销售话术百宝箱，以后不管再遇到什么样的拒绝理由，他们都能够在客户面前游刃有余，得心应手。

### （9）了解客户所期望的结果

干了这么多年市场，根据我对客户的了解，客户期望的核心结果无外乎三点：产品质量好，售后服务好，而且价格便宜。产品质量好，目的是为了满足客户的需求；售后服务好，是为了保证产品的正常使用，有效发挥出产品的价值；价格便宜，这个更加好理解，没有客户不喜欢物美价廉的商品。

在客户所期望的结果中，哪个是客户最关注的？是价格、产品质量还是售后服务？一定记得第一时间了解清楚。如果客户最在意价格，你非要给客户推荐一款高品质服务好的产品，其结果可想而知。针对客户所期望的结果做好优先级排序，这样更加有利于跟进策略的规划。

### （10）塑造客户对产品的渴望程度

销售，卖的不是产品，卖的是消费认知，卖的是客户拥有产品后的感觉，卖的是一种客户渴望。好的产品，需要一个感人的话题，一个动情的故事，一个充满画面感的使用场景，一种让客户在购买前就能够身临其境的感觉。有时候我会半开玩笑地说，让客户看到产品就好比青年男子遇见了自己心爱的姑娘，要有一见钟情的感觉，甚至是还没有相见就已经有感觉了。用"千呼万唤始出来，犹抱琵琶半遮面。转轴拨弦三两声，未成曲调先有情"来形容，再合适不过了。

要想达到这样的效果，常规的做法就是"饥饿营销"。早些年的苹果手机，就是采取这样的套路。一旦有新款发布，在正式开始销售之前通过铺天盖地的广告，吊足了顾客的胃口，再通过上市后短期的限购，把顾客对产品的渴望提升到一个新的高度，蓄能到一定程度后，借势让顾客疯狂抢购。当然，前提是有一个好产品，好产品是赢得顾客的基本保障。

### （11）解释清楚其他客户为什么要购买你的产品，购买理由是什么

你自己夸赞产品一百句好，不如你的客户真心实意地夸赞一句效果好。"金杯银杯，不如客户的口碑"，说的就是这个道理。每成交一个客户，就让客户告诉你为什么选择购买你的产品，记得把客户购买你产品的理由都

保存起来，不要怕嫌麻烦，因为客户购买的理由体现的是产品的竞争优势，这才是你最好的销售武器。

如果你能够找出来十到二十个已经成交的客户购买你产品的真实理由，且这十到二十个已经成交的客户跟你现在谈的意向客户情况比较相似，那么我想不用你再用什么其他的销售套路了，真心实意地把这些已经合作的客户情况说明清楚就可以了。

客户见证是体现你产品实力最好的方式之一。人活一世混个人品，产品一世图个口碑。只有好的客户口碑，才能形成好的网络效应，才能形成一种自传播，赢得更多客户的认同。

### （12）总结出客户不买你的产品所付出的"代价"是什么

老话说得好，诱之以利，动之以情，晓之以理，胁之以灾。这个"灾"字体现出来的就是如果客户不购买你的产品或服务所需要付出的"代价"。这个代价是越大越好，且尽可能地把它量化出来。不购买你的产品会有哪些损失，购买你的产品会有哪些好处，做一个详细的对比分析。

要知道，不少客户的消费行为，不是因为想得到，而是因为怕失去，失去的痛苦远比得到的快乐更加容易打动客户。比如在老人健康方面的投入，比如在小孩教育方面的投入，再比如女人在美容方面的投入，都是因为恐惧失去所要付出的代价而买单。

### （13）客户为什么必须要今天购买的理由

折扣是不能拒绝购买的理由之一：过了今天，促销活动就结束了，从明天开始恢复原价，就没有折扣了。如果客户有购买意向，我想来自价格的诱惑是绝大多数消费者无法拒绝的理由。

数量有限是不能拒绝购买的理由之二：物以稀为贵，奇货可居，这是老百姓都明白的道理。如果产品是限量发行，错过了就再也买不到了，我想客户的购买心态会完全不一样。如果在销售策略上给到客户这种感觉，就不用担心客户当天不会购买了。

免费赠品是不能拒绝购买的理由之三：从明天开始购买产品就没有赠品了，或者说赠品数量有限，仅限一百件，送完为止。如果客户迟早都会买的话，我想来自免费赠品的诱惑会让大多数想购买的客户选择当天成交。

以上十三点，其实就是客户关注的十三个话题，如果把这十三个话题拆得更细一点的话，可以拆分出来一百个以上的话题。每一个话题，都有可能决定客户是否对你、对你的产品感兴趣，是否愿意让你上门拜访。

## （14）提问、聆听与回答

要想成功邀约拜访，只了解客户感兴趣的话题还不行，还得学会最基本的问、听、说技巧，学会如何提问，如何聆听，如何回答问题。

a. **学会多问，问对问题（占比 20%）。** 如果是一次完全陌生的沟通，且没有任何信任做背书，你一上来就只会介绍你的产品有多好，不知道如何问客户问题的话，那么我能够猜到，80% 的电话沟通时间不会超过 30秒，甚至有可能直接被客户挂掉；85% 的网络沟通对方不会回复你消息甚至直接把你拉黑。**就因为你这种标准化的、缺乏情感的产品推销，客户或许直接把你当作智能机器人处理了。**

在信息爆炸的今天，客户每天都要被动地接受各种各样的信息骚扰，他们变得有点急躁、焦虑，甚至没有耐心，如果你不能在 5 秒钟之内抓住客户的话题兴趣点，客户或许就会选择离开你。现实就是这么残酷，因为客户天生只对自己关心的话题感兴趣。

b. 学习聆听，赞美对方（占比 60%）。有一句老话说得好，言多必失。学会聆听，是一项技能，懂得赞美对方，是一门艺术。很多销售人员，特别喜欢打断客户讲话，自己是高兴了，但客户却丢了。好的销售，是在谈话中引出来一个客户感兴趣的话题，通过不断地问对方问题，让客户多说，自己则认真做好笔记，且时不时地赞美一下对方。

赞美的方式有很多种，比如眼神的对视、点头微笑、客户讲到精彩的地方示意对方讲得慢一点或再讲一遍、用笔认真做记录且和客户确认是否记录有遗漏。交流的主要目的就是多了解客户的真实想法，多听听客户内心的声音。只有当客户愿意把内心想说的话告诉你的时候，才算开始对你有了一定的信任。

如果是电话沟通，一定要找一个非常安静的环境，不能让客户听到第三者的声音。如果条件确实不允许，请记得戴耳机。一次高质量的沟通，一定是在一个非常安静、舒适、宽松、愉悦的工作环境当中完成的，能否保持良好的亲和力，也变得非常重要。

c. 切忌多说，只说重点（占比 20%）。沟通过程中，也会有客户反问我们的时候，这个时候记得不要多说，直接回答问题就好。回答问题只说重点，简单明了，不拖泥带水，让客户觉得你是一个非常专业、高效、直爽、干练的人。

在电话沟通中，你要懂得客户随时有可能中断与你的沟通，所以你需要保证沟通中的每一分每一秒都非常的高效，能够时时抓住客户感兴趣的重点话题，因为沟通只有一个目的，那就是要成功邀约拜访。

总的来说，成功邀约客户拜访源于一个好的话题，在此基础上灵活用好"问、听、说"，问对问题，听对需求，说对办法。如果每一次话题社交，既能够问对需求，提供具体的解决方案，又能够获得客户信任，得到客户认可的话，客户拜访无难事。

# 2. 上门拜访要工具

[ 短兵相接，武器第一 ]

销售人员手中的销售工具，好比士兵手中的战争武器。战争武器的强弱，决定了士兵的生死；销售工具的好坏，决定了项目的成败。销售业绩不好，很多时候不是因为销售人员的业务能力不行，而是提供的销售工具太差。要想快速提升销售人员的客户成交量，就得想办法降低项目的成交难度，让销售变得更简单。唯一的办法就是提供给销售人员更好的销售工具，同时教会他们如何使用工具。

"台上一分钟，台下十年功"。每一次客户上门拜访，都要做好精心准备，常规的配置是两至三个人：一个负责销售和商务对接，同时承担项目经理的职能；一个负责售前支持和技术对接；一个负责产品和了解客户需求。必须准备的资料及设备有：产品手册、行业实施案例手册、公司优势介绍(1~3分钟视频)、项目解决实施方案（PPT）、产品演示 demo、销售百问百答（网上知识库）、笔记本电脑、移动智能投影仪、智能小音箱、翻页笔、名片等。

这些资料其实就是你的销售武器，终极目标就是要做到让这些销售资料自己会说话，自己可以成交客户。最差的效果也要保证不管是公司谁出面给客户讲解、做演示，效果都差不多，不一定非要工作5年以上甚至10年以上的老员工才能讲出好的效果。

很多时候，我们都会存在一个误区，以为能够搞定客户，都是销售人员的功劳。很多销售人员能力强是不假，但如果没有好的产品、好的销售资料、好的客户案例和好的市场口碑，他们也很难搞定客户。从公司战略业务的视角来说，我认为至少应该做好以下两点。

第一点，重视销售资料的收集、整理、优化和精进，至少保证一个月更新一次，最好一个礼拜更新一次。安排公司市场部门的同事专门负责此事，同时跟产品部门的同事做好配合，把销售资料当作"产品的产品"来认真对待，要做到让销售资料成为销售工具，最终成为极具竞争力的销售武器，且要做到简单明了，人人都能看得懂，人人都能学得会，人人都能讲明白。

第二点，销售工具的每一次迭代升级，销售团队内部都要高度重视，统一安排时间集中给大家做培训，培训从三个视角、分三拨人进行。首先，由公司产品部门的同事负责培训，讲解销售资料和产品之间的关系，以及这些资料是如何诠释产品价值的。其次，由公司市场部门的同事负责培训，讲解销售资料相比竞争对手的优势，以及我们可以依赖哪些优势赢得市场竞争。最后，由公司销售部门的领导负责培训，讲解如何利用好销售工具成交客户，强调需要注意的细节及需要学习的方法和技巧。统一培训结束后需要考试，参训人员考试通过后公司内部再采用"师徒制"现场模拟通关演练。

在实际的销售工作中，我对团队的要求是非常严格的，我讲得最多的就是下面三句话。

a. 销售资料就是我们开启客户成交的金钥匙，是我们的销售武器，我们要充分利用好销售资料，让销售变得更简单，让客户成交变得更容易。

b. 每一位销售同事，都要对所有的销售资料熟记于心，必须能够做到盲讲，把资料一字不漏地背下来。为什么要这么做？喜欢看战争片的小伙伴都应该知晓一个角色，那就是狙击手。狙击手是枪不离身的，人在枪在，枪在人在，人枪合一。

c. 如果连公司的销售资料都不熟悉，就不配当一名销售，这样的销售人员是应该被淘汰的。淘汰对公司对销售人员自己都是好事，因为这些人即使上了战场也是白白牺牲。

**为什么销售资料这么重要呢？因为至少有三个场景需要用到销售资料。**

a. 当你跟客户初次沟通之后，在邀约拜访前，客户要求你先给他发产品介绍等相关资料，此时如果你提供的销售资料不能引起客户的兴趣，邀约拜访的难度就会大很多。

b. 第一次上门拜访客户，走进客户会议室的时候，除了互换名片就是给销售资料了。在开始沟通之前，决定能否给客户留下好一点的印象，除了自己精心的打扮、名片上的职位，就是销售资料了。一份赏心悦目的公司 & 产品介绍手册，是和客户之间良好沟通的开始。

c. 在移动互联网极为发达的今天，网络销售变得非常重要，好的销售资料，不管是品宣、引流，还是付费转化，都是必不可少的销售工具。

**如何准备好销售资料（销售工具），分享几个整体框架构建的小技巧。**

### a. 针对公司。

首先要阐述清楚公司的愿景、使命、价值观及文化，比如阿里巴巴的马云提出的"让天底下没有难做的生意，成就淘宝入驻的商家"；比如京东的刘强东提出的"优质的服务是第一位的"，提供24小时配送上门的服务；再比如华为的任正非提出的"以奋斗者为本""以客户为中心"。要知道，能够构建公司愿景、使命、价值观和文化的公司，都是有实力的公司。你在传递公司文化和价值观的同时，能够从侧面反映出你们的销售水平也是一流的。

其次要展示公司获得的专利、证书、奖杯、奖状等，这是公司实力体现的"证据"，具有公信力，且容易让客户信服。这些"证据"自然是越多越好，如果能够为这些"证据"再附加一个励志、动情的话题就更好了。

再次要展示公司合作的标杆客户及客户的良好评价，在移动互联网极为发达的今天，学会造势也是非常重要的。客户都有从众心理，行业标杆客户与你们的合作和给出的好评，能让你们的合作达成率高出许多。

最后说说公司在行业内的排名以及为行业发展做出的贡献。要知道，客户都希望选择一家有综合实力、有品牌美誉度的公司合作，尤其是不少大型集团，他们只会在行业前三名的供应商当中做选择，根本不给中小企业机会。

### b. 针对产品。

首先阐述清楚产品设计的核心理念及解决的痛点问题，这里需要注意一个小技巧，那就是产品设计的核心理念和解决的痛点问题跟客户的需求要是恰好匹配的，要让客户觉得你们的产品就是为他们量身打造的。

其次详细说明应用的新技术和客户场景化使用后的效果。新技术代表的是公司的研发实力及发展潜力，新技术应用得越多竞争力就越大。说明使用效果时尽量用数据说话，因为数据最直观、更具说服力。

再次突出差异化的竞争优势，客户选择和你们合作的理由。人无我有、人有我优的才叫竞争优势，你需要提炼出独一无二的优势，因为这才是客户选择和你合作的真正理由。唯一性，是你在设计产品的时候就应该考虑清楚的。

最后分享一下未来两至三年的产品战略规划及详细开发计划，因为不管是哪一位客户，都希望跟一家有发展前景的企业长期合作，不希望合作半年或一年的就无法继续合作下去了。另外，这也有利于增强客户与你合作的信心，认可你公司未来的发展方向。

**c. 针对项目方案。**

首先详细介绍客户项目背景及具体需求。这点比较简单，客户怎么说你就怎么写，当然，可以结合你自己了解到的情况进行补充完善，但记得要与客户及时确认，必须得到客户的认可才行，因为项目背景及项目需求是项目解决方案的基石。

其次提出具体的解决方案，主要包括产品响应需求的程度及实施服务。解决方案既要有行业属性，又要有企业属性，还得符合真实的使用场景，并且有两至三个成功的行业实施案例证明。

最后可以安排一至三次意向客户与成交客户之间的见面交流会或电话交流会。通过成交客户的经验分享，增加意向客户对项目实施的信心，借此促成项目合作。

**d. 向领导汇报的材料。**

首先详细介绍项目的优势和前景，面临的机会和挑战。材料不要写得太复杂，尽量控制在 200~300 字，让领导能够一目了然，且对你的项目产生兴趣。

其次详细介绍实施项目的投入产出比（return on investment，ROI），也就是投资回报率。作为领导，看待一个项目，不仅会从项目本身的用户价值去考虑，而且还会从项目的商业价值去考虑，只有用户价值和商业价值都不错，他们才会决定实施。

再次详细说明此项目符合整体发展趋势，且同行企业实施效果良好。作为领导，关注当下的同时更加关注未来，如果得知有同行企业已率先实施的话会本能地产生危机意识，增加对项目的专注度和好奇心。

最后详细说说过往的项目实施经验及需要注意的细节。强调说明这一点，是为了打消领导做决定之前的顾虑，让领导觉得项目交给你实施比较放心，你有实力和经验将此项目实施好。

补充说明一点，如果近期合作的话还可以享受优惠折扣。为什么最后要加上这一点？是为了让领导尽快做决定。面对供应商让利，不管是谁，我想都没有拒绝合作的理由。

**e. 客户案例。**

首先详细介绍一下为什么要实施这个项目，具体包括项目背景、项目需求以及希望达成的目标。项目背景介绍得越详细越好，但项目需求尽量控制在三个左右，不宜太多，最多不要超过五个，项目的预期目标要简单明了、可衡量、可实现。

其次详细介绍项目的实施过程以及实施过程中遇到的具体问题，针对这些具体问题又是如何解决的。记得把问题进行分类，哪些是项目运营管理的问题，哪些是技术实现的问题，哪些是团队能力的问题，哪些是工作意愿的问题，所有问题必须责任到人。

再次详细分享一下项目实施的经验总结以及需要注意的实施细节，针对项目做总结复盘，好的方面继续发扬光大，需要完善的细节下次记得改进提升。

最后详细分享一下客户方项目实施人员对公司产品及服务等方面的赞美和表扬。这部分内容非常重要，放到案例的结尾能够起到口碑营销的作用。

好的销售资料（销售工具），首先要保证思路清晰，逻辑简单，条理清楚，且符合客户的阅读习惯，能抓住客户最关注的话题，分主次，有节奏地进行阐述说明。同时记得让公司的 UI 设计师做好交互设计和视觉设计，保证最终做出来的销售资料手册一定是高大上的。总之，把销售资料当成一个产品来对待就好了。

要想销售资料有竞争力，一是要收集竞争对手的销售资料做分析；

二是要了解客户的喜好及市场上主流的展现形式；三是要结合企业自身的特色和优势进行设计，体现出差异化；四是要多听客户的反馈建议或意见，不断完善、优化销售资料；五是尽可能的邀请客户参与一起共创。

　　总之，从公司市场策略角度来说，我们的出发点就是要让销售变得更简单、更容易，不需要过度依赖销售人员的个人能力就能成交客户。一个有特色、有竞争力的销售百宝箱，对于销售团队来说是非常重要的，就好比士兵手中的武器。可惜很多公司都不是特别重视，业绩不好就怪销售人员的能力不行，并没有深刻反思给到销售人员的销售工具好不好。

　　如果你是公司销售负责人，我觉得你最应该做好的事情就是带领销售团队梳理、打磨、优化手头的销售资料。如果你是一名销售人员，我觉得你应该第一时间把上述内容的核心思想反馈给销售总监。切记一句话，磨刀不误砍柴工。

# 3. 产品呈现要技巧

[ 临危不乱，随机应变 ]

商场如战场，计划总是赶不上变化，不管你事先准备得多么充分，总有未能预测的情况发生。唯有多手准备，随机应变，方能在复杂多变的市场竞争中击败竞争对手，赢得客户。要想真正学会产品呈现技巧，只有还原客户拜访的真实场景，身临其境，才能学有所获。

下面，我将通过前段时间亲自辅导的两个项目，一个是潜在意向客户的初次拜访，另一个是非常正式的竞争性谈判，还原当时的真实场景，让你感受一下客户的多变及市场的激烈竞争情况，并提醒你要想虎口夺单，就得先练好基本功。

**案例一：陪同代理商临时拜访客户**

"魏总（公司的代理商），早上好。我们这边的事情忙得差不多了，您上午在公司吗？方便的话我们现在过来拜访您，9点之前可以到您公司，有段时间没有当面好好聊聊了。"我团队的小伙伴小姜同学在电话里说道。

魏总说："要不我们直接去客户那里吧，一家汽车公司，离得不远，正好有项目需求，我现在就给客户打个电话，问问他们今天上午 10 点左右有没有空，如果客户那边不忙，一会我把客户地址发给你，咱们都往客户那边赶，直接客户楼下见。"

两分钟后，小姜同学收到魏总发来的客户定位信息，我们叫上出租车就往客户那边赶。出租车上，我简单做了一下项目分工。

a.会前准备：我用半个小时修改一版带有汽车行业特点的产品介绍；小姜同学尽快梳理出我们合作过的汽车行业客户案例；小袁同学（我的另一位小伙伴）需尽快配置出带有汽车行业特点的产品 demo。

b.会议流程：我用 20 分钟讲解 PPT 内容，小姜同学用 15 分钟分享 2~3 个汽车行业的客户案例，小袁同学用 20~25 分钟演示产品，预计用时 55 分钟完成整个项目介绍，再留出 10~15 分钟来互动答疑，争取不到一个半小时结束战斗。

c.答疑环节：产品方面的问题由小袁同学负责回答，客户案例的具体实施情况由小姜同学负责回答，我负责回答一些项目规划及后期实施运营的事情，商务报价由魏总负责沟通，大家都要做好笔记，方便中午进行项目复盘。

出租车师傅看我们工作这么认真投入，把车开得非常平稳，一路过来没有一个紧急刹车，半个小时左右把我们安全地送到了目的地。下车后见到魏总，我三步并作两步向前去和魏总握手，感谢魏总的信任，以及一如既往的大力支持。魏总简单介绍了一下客户的情况之后，与我们一起上了楼。

接待我们的是 IT 信息部门的负责人李总，话不多，还有点腼腆，典型的技术男。面带善意笑容的李总，健步如飞地把我们从前台带到了会议室。还没来得及等魏总介绍我们，李总就主动聊起我们的产品，说最近一周的时间都在体验，感觉还是非常不错的，有一些细节不是很清楚，需要我们给他们好好讲讲，培训培训。

这时候魏总把话接过来，对李总说："李总好，产品的事情好办，一会让我们负责产品的小伙伴好好讲讲。我先简单介绍一下今天过来拜访您的几位小伙伴，这位是陈老师，我们公司的专家，也是培训师，在互联网行业摸爬滚打十几年，经验非常丰富。这位是姜经理，负责整个华中大区的市场业务，真正的战神。这位是袁主管，产品控，细到每一个 icon，每一条面包屑都非常清楚。"

此时李总打断了魏总的介绍说："要不要让人力资源部门的人也参与一下，毕竟他们是需求部门，产品上线后还得他们来负责日常的运营和管理。"

魏总回答道："如果人力资源部门的人能够一起参与交流探讨，再好不过了。要不李总您先去问问人力资源部门的相关负责人有没有时间，我们先把电脑、手机连上投影仪，把准备工作做好。"

就在我们准备工作就绪的时候，李总带着两位 HR 部门的同事走了进来，都是男士，都戴着眼镜，且都拿着本子和笔。走在前面的略微高一点，瘦一点，年轻一点，长得非常和善，30 岁左右；走在后面的相对矮一点，胖一点，年长一点，长得相对成熟，35 岁左右。从两位脸色中透露出来的自信，可以知道这两位都是高才生且比较专业。

李总简单介绍了这两位同事，同时向两位同事简单介绍了我们。在李总介绍我们的时候，我们借着这个机会跟两位 HR 交换了名片，且幽默地说了一句："做销售的就是不会放过任何一个推销自己的机会。"

开始正式进入主题，按照事先商量好的，由我开场先讲 PPT 内容，讲我们对于汽车行业的理解及未来发展形势的判断，讲新经济、新金融、新出行大环境下汽车产业的调整变化，产融结合的必然趋势，讲我们的产品如何迎合这个主流发展趋势解决企业经营管理及组织人才培养过程中遇到的问题等。这两位 HR 对我分享的理念及大趋势的判断非常认可，也提出了一些问题。为了更加具体的解决两位 HR 提出的问题，我示意小姜同学分享事先准备好的两至三个企业行业的案例。小姜的分享激发了两位 HR 对产品的兴趣，此时小袁同学接过话来，详细介绍了一下产品。IT 信息部的李总问了一些关于安全部署方面的技术问题，我们也一一做了详细解答。

从整个交谈过程来看，客户还是比较认可的，只是那位年轻一点的 HR 一直在问价格，问了至少不下三次。但我们还是忍住了，一开始并没有直接回答价格的问题，等整体介绍完产品及服务的价值之后才给出报价。我说报价的时候，眼睛紧紧地盯着这位年轻一点的 HR，他的眼神和表情告诉我，我们的报价比他心里预期的价格要低很多，因为他满意的笑容就是最好的答案。

当我们起身准备离开的时候，小姜同学主动提出跟三位合影留念。我们在会议室找了一面带有公司 LOGO 的背景墙，一起合了影。大家千万不要小看这次简单的合影，这对于后期的项目合作非常有意义。

分享一个简单的场景启发一下大家的思考：我们从客户那里出来，是不是要给客户发一条感谢的信息？大家觉得是文字效果好还是"合影照片配文字"效果好？除了从客户那里出来感谢客户的时候可以用到合影照片，在做项目方案的时候可以用吗？开项目启动会的时候呢？写软文做宣传推广的时候呢？新品发布会的时候呢？

从客户那里出来，我们先回到魏总公司，针对刚刚拜访的项目简单做了一下复盘，同时安排好下一步的跟进计划：

a. 小姜同学负责建立项目沟通群，把上午的会议纪要尤其是客户提到的需求及关注的问题分享到群里，大家查漏补缺一起完善（吃完中午饭后半小时内完成）；

b. 我负责整个项目的实施方案及报价方案（晚上 12 点之前完成）；

c. 小袁同学整理好感谢词并配上我们与客户的合影照片，同时配合客户做好产品体验（下午两点完成）；

d. 商务层面由魏总全权负责，其间及时同步项目进度，需要大家协同的部分及时沟通（不定时）。


**案例二：出差武汉参与竞争性谈判。**

"先生，请您出示证件，请您登记相关信息。"门卫非常有礼貌地说道。我一看就知道他是经过专业培训的，侧面反映出这家企业比较重视人才培养，所以告诉同事们一定要多多注意细节。走进大厅，甲方项目对接人已经在此等待我们了，好在我们没有迟到，比约定的时间还提前了 15 分钟。项目对接人是两位女士，穿着非常职业化，其中一位面带微笑地跟我们说："早上好，有请各位先到会议室休息一下，我们九点半正式开始。"

走进会议室，已经有两家同行在此等候了，我们是第三家，听说还有两家，共计五家参与竞争性谈判。听同事小袁反馈，客户评审比较公正客观且评审速度非常快，当天就可以宣布结果。

看这场面，五家供应商，一上午能够结束就不错了。于是我打开电脑，温习着 PPT 内容，此时另外两家供应商也进来了。随后甲方项目对接人进来宣读了几条招标流程及注意细节：

第一，五分钟后每家服务商派一名代表去 A 会议室提交报价单及标书；

第二，十五分钟后评审委员会通知讲标的先后顺序（价高者先讲）；

第三，有五分钟的时间，每家服务商在讲标的先后顺序上签字确认；

第四，休息五分钟之后由第一家（价格最高）先讲；

第五，每家服务商讲标三十分钟，互动答疑十分钟，请大家控制好时间。

我一听，完了，跟昨天晚上预想的情况不一样，根据我们的报价，肯定是最后一个讲标，顺序对我们非常不利。我平时喜欢第一个讲，因为这样可以先入为主，快速抢占客户心智。但这次被对手抢了先机。

就在我思考该怎么办的时候，评审委员会公布了讲标顺序，我们是报价最低的，所以是最后一个讲标。我在想，按照常规的套路，讲标主要分为以下五个部分：

- 项目背景介绍及项目需求分析；

- 需求响应程度及产品优势介绍；

- 项目实施服务流程及成果交互；

- 同行业三个标杆客户案例分享；

- 公司综合优势及整体实力展现。

前面四家都是这个套路，如果我再按照这个思路讲，结果一定不会太好。怎么办？我环顾了一下四周，大家的表情都非常严肃，会议室紧张的氛围已经感染到了每一个人。我喝了一口水，起身走出会议室，借着上洗手间的名义去A会议室外边听了一会，果不其然，第一家就是按照我说的思路在尽情地演绎。

我上洗手间洗了一把脸，回到会议室，从电脑包里掏出笔记本和笔，重新构思讲标的思路，并暗示自己：不要心慌，静下心来好好思考。此时我只有一个想法，就是要讲得跟前四家不一样，要讲得能够让客户眼前一亮，觉得我们与众不同。

写写画画十五分钟，终于梳理出来一个思路。

既然客户已经听完了前面四家服务商的介绍，且三个小时里一直在听服务商夸夸其谈地说自己怎么好怎么牛，听得耳朵都快起茧子了。那么在客户不断被催眠的过程中，我决不能再次承担催眠的配角，我要唤醒他们，给他们来点不一样的内容。

既然是唤醒，那么最好的方式就是提问、质疑，然后通过具体事实和数据启发大家对未来的一些思考。客户是传统的生产制造型企业，那么"智能制造"这个话题客户一定会非常感兴趣。我可以围绕智能制造这个话题，在企业组织运营管理、人才储备发展、智能化生产车间、人机一体化作业模式等层面提出一些新的观点和思考。

说实话，能这样操作要感谢自己今年年初看的几本有关智能制造的书籍。通过对智能制造的学习，把我们为什么报价这么低的原因讲明白。因为我们公司提供的产品和服务都是基于云计算、大数据、人工智能技术研发出来的。原来需要人工参与，现在产品完全可以自己搞定，我们把节约出来的人工成本返还给客户，所以价格相比其他服务商更低。

同时分享一下我们的产品理念，与其他服务商的不同，以及为什么要这么去构建的原因。说明我们的产品既要解决当下企业面临的问题，同时更要解决未来三至五年企业即将遇到的问题，我们始终认为，只有领先市场三至五年的产品，才具备真正的竞争优势和生命力。

依据这条主线，我梳理出来了新的讲标思路：

• 智能制造时代会是什么样子？

• 给传统制造行业带来哪些冲击？

• 为什么我们的报价是最低的？

• 我们的产品及服务有何与众不同？

• 为什么要选择我们而不是其他服务商？

按照这个思路，我用了一个半小时的时间，重新制作了一版PPT内容。从早上九点半等到中午十二点半，终于轮到我们上场了。

先由同事小袁简单地介绍了一下我们团队人员，然后正式进入讲标环节。开讲前我说了这么一段话："各位领导，大家中午好。我想此时大家最想干的一件事情就是吃中午饭，然后好好地睡个午觉。放心，我只占用大家十分钟的时间，如果我讲到十分钟，大家还是觉得没兴趣，咱们立马结束去吃午饭。同时我负责任地说，我即将分享的内容跟前面四家服务商说的完全不同，我只分享一点干货，启发大家一些思考。"

说完这段话，评审员们的表情开始丰富起来。此时我用PPT显示出我精心准备的五个问题，同时提醒大家，十分钟就是为了讲明白这页PPT的内容。大家开始抬头看大屏幕，我抑扬顿挫地读着这五个问题，同时在会议室评审员身边走了一圈，我在跟大家近距离的眼神交流中发现大家已经在思考这些问题了。

讲到十分钟的时候，我停顿了一下，反问大家我是否可以继续，大家的眼神告诉我：继续吧，我们很享受这样的知识盛宴。于是我又用了十分钟详细讲了一些场景化的应用细节，但相比前面四家服务商我节省了十分钟的时间。接下来的提问环节，我原以为大家不会有任何问题的，毕竟马上就下午一点了。没想到评审员们提了好几个具体的产品及数据安全方面的问题，同事小衰立马将手机界面同步到大屏幕，花了十分钟左右把产品及服务详细介绍了一遍。只可惜小衰有点紧张，产品介绍这一块没有达到预期的效果。

但整体来说，这半个小时的沟通，效率很高，客户也比较满意。在这个时间节点，能够有这样的效果，我自己还是比较满意的。客户让所有的服务商都不要走，先去吃中午饭，午饭后回来等结果。

我跟小伙伴们在附近随便找了一家相对比较安静的餐厅，针对上午的投标过程进行复盘，分析哪些地方我们做得好，哪些地方做得不好，在今后的投标项目中需要提升，同时做好下午二次报价的准备。

"还需要做二次报价的准备吗？"其中一位小伙伴问道。我说："不仅要，而且非常重要，根据我做项目的经验，一定会有二次报价这个环节，我们现在需要讨论的是如何报价的问题，我们的底线是多少，为什么要这么报？"

经过大家一番激烈的讨论，在报价明细及服务条款上基本达成了共识，但在整体报价上是打八折还是七折，出现了明显的分歧，大家说法不一。八折，担心价格太高了没有竞争优势。七折，又担心价格太低直接被客户淘汰出局。

在犹豫和纠结中，我把昨天晚上睡觉前"假设的三种报价场景"发给小伙伴们，让他们根据自己对项目的判断选择一种报价策略。大家看完我昨天晚上假设的三种报价场景之后，瞬间达成默契，选出了大家都认可的折扣价格。

吃完中午饭，回到客户会议室，已是下午2点。果然不出所料，甲方项目对接人让每家服务商提供二次报价且明确表示这是最终报价。时间过去了十五分钟，每家服务商都提交了二次报价，在会议室等待最终结果。

时间又过去了十分钟，等来的结果是甲方项目对接人跟大家说今天就先这样，大家先回去，七个工作日后公布结果。

投标前说好的今天出结果呢？客户临时这么决定，总让人觉得有点失望和不满，也容易让大家不自觉地多想。

回到酒店，针对项目后期的跟进，我们展开了更加激烈的讨论。我们跟客户交往不深，之前一直是电话沟通，关系一般。好几家服务商在武汉有分支机构，跟客户关系相对要好一些，在这种情况下，接下来我们还能做什么，还能做好什么？这是摆在我们眼前最为棘手的问题，一直没有讨论出来一个比较好的跟进策略。

此时我说了一句："既然大家讨论不出来结果，那么就先这样，出去换换脑子，各自好好想想，有新的想法了再及时沟通。总结复盘项目，我们有一点做得好的，两点做得不好的。做得好的就是我们能够结合项目的实际情况变化及时调整讲标策略，做得不好的就是不知道客户会按照价格高低安排讲标的先后顺序，还有就是没有一点客情关系，且客户明确说今天会有最终结果却临时变为七个工作日以后出结果。"

就在我们不知所措的情况下，客户主动给小衰回了电话，简单问了几个问题，同时提出要再次体验一下我们的产品。值得欣慰的是，客户的这一通电话，证明我们暂时是安全的，没有被淘汰出局。

以上两个客户拜访的真实案例告诉我们，市场是多变的，竞争是残酷的，很多时候客户自己都不太清楚自己到底想要什么。想要搞定客户，不但要有前期的准备工作，还要看临场的应变能力，谁的应变能力更强，谁就拥有主动权。

要想做好产品呈现，先要了解客户的真实需求，如果客户需求不清晰，可以分享两至三个同行业比较经典的案例给客户做参考，帮助客户梳理需求。只有客户需求明确，我们讲解产品的时候才会更有针对性，产品的价值才能发挥出来。因为客户不太关心你有什么，他们在乎的是你能够为他们做什么，能够解决他们的哪些具体问题。

讲解产品的过程中还要综合考虑竞争对手的情况，学会扬长避短，满足顾客需求的同时突出自己产品的核心竞争优势，尤其是独一无二的优势更加需要重点讲解。道理很简单，要想和客户达成合作，只满足客户需求还不行，还得赢得市场竞争。

# 4. 递交方案要专业

[ 发现问题，解决问题 ]

在实际的客户跟进过程中，尤其在面对的是需要参与招投标的大客户的时候，撰写标书是标配，可大多数销售员却因为标书的事情伤透了脑筋，不知道从何下手，就算依葫芦画瓢最终也只能弄个四不像，更不要说撰写出一份客户喜欢的项目实施方案了。

其实撰写一份好的项目实施方案并不难，把握几点要领、注意几个细节、掌握几个技巧就可以了。通常，一份好的项目实施方案不仅要告诉客户你们公司是做什么的，优势是什么，而且要告诉客户你们公司的产品及服务完全可以满足他们的需求且能超出预期；另外，再用数个同体量的行业标杆客户的成功实施案例来告诉客户，你们不仅可以保证项目的实施效果，而且可以提前实施，节约成本，降低风险。要让客户看完你们的项目实施方案之后相信你们公司是非常优秀的公司，有实力、有能力、有经验把项目实施好。要让客户觉得把项目交给你们公司来实施是有保障的，且能够让他们觉得省时、省力、省心、省钱。

一份好的项目实施方案，主要由六个重要的部分组成，但这绝不是说要把公司所有的产品功能、技术特点以及合作的客户案例都写在项目实施方案中，项目实施方案应尽量控制在二十页左右，最多不要超过二十五页。

在前几年，大多数公司的项目实施方案都在五十页至一百二十页之间，打印出来像一本厚厚的书，猜猜这么做的结果如何？没有哪一家客户的项目参与人愿意花时间静下心来看完所有的内容。所以，不要把一些无关紧要的信息堆积在项目实施方案中，记得聚焦客户的痛点需求，提出具有针对性的解决方案即可。客户喜欢的是那些能够在最短时间内提供最有针对性的、能解决问题且满足需求的方案的供应商，而不是废话连篇、毫无价值、靠拼凑才做出来厚厚的项目方案的供应商。

当客户阅读我们的项目实施方案时，我们要让客户对他们自己关心的几个问题有一个非常清晰的了解：

- 未来五至十年行业会有什么变化？
- 这些变化会给现在的这些企业带来哪些冲击？
- 行业的机会在哪里，风险又在哪里？
- 为什么我们才是最佳的服务商？
- 我们到底能够为客户解决哪些问题？
- 我们的产品及服务有何与众不同之处？

回答以上六个问题，应该贯穿整个项目实施方案的始终，并且要向客户证明我们公司的产品优势、运营特色、技术实力、服务能力、团队专业度、客户口碑、品牌影响力以及公司高速发展的潜力。这些实力的展现，只为能够得到客户的认可。

下面直接进入正题：如何撰写项目实施方案。

## （1）项目背景

项目背景分析是项目实施方案的第一部分，也是比较重要的部分，客户方领导比较关注这部分内容。它涵盖了项目的起因，即为什么要实施这个项目，为什么势在必行。如果客户方领导看项目实施方案时只看项目背景分析，而不看其他部分的内容，那么如何保证让客户方领导认可且同意实施这个项目，就看我们提供的项目背景分析能否打动领导的心，能否让领导有迫在眉睫的感觉。

一个好的项目背景分析，既要让客户方领导看到公司的现状，又要让其看到行业的发展趋势，同时看到公司现状与行业发展趋势之间的差距，其中的机会和风险分别是什么，如何以最低的成本投入换来高回报的收益。

## （2）投资收益

这部分内容要告诉客户通过我们公司来实施这个项目能够带来哪些价值，为什么是我们公司而不是别的竞争对手，我们的优势是什么，如何保证项目的实施效果，达到预期的项目回报。这部分内容主要包括：

· 投入成本以及成本明细构成；

· 投资回报率及投资回报周期；

· 如何规避风险确保项目的可行性。

在这部分中，给客户吃一颗定心丸，最好能做到让客户方领导看完之后立即做决定，让他们能马上实施项目。结合客户的实际情况找到三至五个关键的因素，告诉客户现在是实施项目最佳的时机，用投资回报对比分析提示客户，如果现在不实施将会带来哪些方面的损失。

### （3）项目需求

客户的需求包括两个部分，一部分是客户自己主动提出来的需求，还有一部分是我们跟客户深入交流，通过问卷调研、当面访谈、工作现场观察相结合发现的需求，我们把这部分需求称之为隐形需求，即"冰山下的需求"。这部分内容主要包括：

- 都有哪些问题（问题即需求，找出痛点需求、关键需求）；
- 问题产生的原因（描述要具体，且结合实际工作场景）；
- 问题的重要程度（问题分主次、按优先级进行排序）。

这部分内容，非常重要，如果问题找对了，且是客户痛点需求的话，此时客户的紧迫程度可想而知。这就和去医院检查完后得知自己得了什么病时的心情是一样的。需求挖得越深、挖得越痛，客户的重视程度就越高，实施项目的主动性就会越强。当然，这也是体现我们专业能力的时候，如果问题都找不对，后面的解决方案就毫无价值可言了。

### （4）解决方案

这部分内容一定要简单、明了，让客户一看就明白，无须我们做任何解释说明。这部分内容就一个主题，解决客户的问题，满足客户的需求。主要包括以下五点。

a．**产品**：公司现有产品是否完全满足客户需求，如不能100%满足，需要备注什么时候可以满足，具体的时间节点，实现难易程度以及工作量。同时要详细说明公司产品的设计原理及核心竞争优势，尤其是与众不同的产品功能设计。

b．**技术**：原则上，客户对采用新技术认可度更高，因为新技术代表发展趋势，短期内不会过时且升级迭代要容易许多。同时要详细说明技术框架、业务逻辑、实现方式及竞争优势。

c．**运营**：这部分内容体现的是如何保证项目实施的效果。需要详细说明项目的整体实施规划和实施流程，以时间为主线，说明我方与客户方分别需要做什么，谁来执行，谁来监督检查，谁来考核评估，最终需要达到什么效果（要可以量化）。运营规划越详细、越具体，就越有说服力，能够具体到每天的落地执行的计划最有竞争力。

d．**服务**：一般而言，服务包括免费的基础服务和收费的增值服务。服务的目的，是既要保证项目的稳定性、安全性，又要保证在项目实施过程中遇到问题的时候能够第一时间解决。千万不要小看服务，因为服务内容体现的是团队的服务态度、服务意愿、服务能力，以及是否真的以客户为中心，持续为客户创造价值。

e．**团队**：重点强调五点，即行业从业经验、曾经实施服务过的标杆项目、擅长技能、获得的证书、客户满意度。从项目经理到项目团队人员，一一详细介绍。一个优秀的项目团队，是保证项目成功实施的关键，团队的能力非常重要。

## (5) 案例分享

金杯银杯不如客户的口碑，成功实施的客户案例，最有说服力。这就是为什么很多初创企业一开始会选择免费的方式为业内标杆客户提供服务的原因。这样做一来可以和客户共创产品，二来做市场销售的时候可以用标杆客户做背书。要想让客户案例更有说服力，需遵循以下三点原则。

a. **行业标杆**：羊群效应，从众心理，是一种普遍的消费心态，客户会本能地对竞争对手感兴趣。我们要尽量保证分享的客户案例跟这个客户是同一个行业，而且企业规模、品牌影响力比目前这个客户要大，这样客户的认可度及信任度就会迅速增加。

b. **需求类似**：我们要尽量找一个跟目前这个客户需求类似的且已经成功实施的客户案例，详细分享我们是如何一步一步实施的，最终达到了什么样的试验效果，记得用数据说话。数据，对客户造成视觉上的冲击，是最能够打动客户、说服客户的理由。

c. **客户好评**：这部分内容非常重要，不管是客户给我们送的礼物、写的感谢信、发的感谢邮件、颁发的奖状还是锦旗等，都要一一详细的展示出来。客户的一句认可抵得上我们一百句自夸。

## (6) 合作模式

合作模式多种多样，2B 和 2C 又完全不同，每家企业也各不相同，我分享的是基于 2B 的两种常规模式，只为启发大家思考。

a. **买断模式**：常见的模式是将软件或硬件以成本价给客户，后期主要靠服务赚钱，服务一般包括内容服务、产品升级服务、运维服务。当下流行这样一句话：维修费用跟买新的价格相差无几。做好买断模式的报价，以及突出买断模式的优势，还是有策略的。可以主要强调买断后拥有产品的自主权，使用时间方便自由，还能保证安全。

**b.租赁模式**：一般而言，不管是软件还是硬件，都提供基础版的免费服务，在此基础上再提供高级版的会员收费服务。不同级别的会员对应不同的服务，收费标准也不同，且可以按月/季/年等周期收取会员服务费，同时鼓励众筹和拼团等多种模式。

## （7）公司介绍

这部分内容比较简单，把握一个原则就好：要么只讲第一，要么只讲与众不同。只有这样，才能突显出公司的优势。介绍公司遵循一个基本的思路：

- 阐述清楚公司的愿景、使命、价值观及文化；
- 展示公司获得的专利、证书、奖杯、奖状等；
- 展示公司合作的标杆客户及业界的良好评价；
- 说说公司在行业内的排名以及为行业发展做出的贡献。

总之，再好的方法，最终还得自己亲自动手，多加练习。不是有这么一句话么：复杂的事情重复做，终究会变得简单；简单的事情重复做，终究会让我们成为专家；重复的事情用心做，终究会让我们成为赢家。万事开头难，只要敢于迈出第一步，不怕困难，不怕失败，多次尝试后，一定可以的。再说了，谁也不是生下来就会，只要勤学勤练，撰写一份客户喜欢的项目实施方案，我觉得是一件非常容易的事情，我相信你一定可以。

# 5. 商务谈判要分工

[诚实守信，合作共赢]


商务谈判需要技巧，更需要真诚。真诚是一把温柔的刀，刺到谁都会心疼。有时候吃点小亏，是为了今后不吃大亏。你的专业和勤奋才能够赢得客户的信任，并非小聪明。把客户当作朋友而不是被宰的羊，足够相信客户，并用心做好服务，你的生意才能细水长流。


在一次企业培训课上，我问这家企业的销售业务人员，在实际的销售过程中遇到最大的困难是什么？他们异口同声地回答说市场竞争太激烈，最主要的是公司的产品价格太高了，是竞争对手的两倍，在商务谈判环节毫无竞争优势。

"价格太高了，是竞争对手的两倍！"这是销售业务人员在"丢单"时最容易推卸责任的一种说法，侧面反映出来的是销售能力的不足。作为一名优秀的、顶尖的销售人员，当客户反馈我们的价格太高的时候，应该本能地做出以下三种反应。

第一，我们的竞争对手是谁？为什么对手的价格可以这么低？产品及服务有什么不同？

第二，客户的需求只有我们的产品能满足还是竞争对手的产品也能够满足？

第三，相比竞争对手，我们的产品及服务有何（独一无二的）特色、亮点及优势？

同时做出三种结果假设。

a. **客户倾向跟竞争对手合作。** 客户需求比较简单，我们和竞争对手都能够满足客户需求，且我们的竞争优势体现不出来，那么客户只关注价格低的服务商是对的。此时除了跟竞争对手打价格战别无他法，因为在客户心目中两款产品是差不多的，谁的价格便宜就选择跟谁合作。此时出招要快、要狠、要准，要给客户不能拒绝的理由，同时不给竞争对手留任何机会。

b. **客户倾向跟我们合作。** 客户需求相对复杂，我们和竞争对手满足客户需求的程度不同，且我们的竞争优势相对明显，此时客户说我们的价格比较贵，其实是对我们的产品和服务感兴趣，发出意向成交的信号。此时要多结合客户的痛点需求构建真实的产品使用场景，充分说明产品的内在价值和独一无二的竞争优势，尽量做到不降价成交（可以免费提供一些收费的增值服务）。

c. **客户没有特别明显的选择倾向。** 其实这种情况是非常好处理的。即使竞争对手的价格比我们的价格低，客户都没有特别明显的选择倾向，说明客户对我们是比较认可的。此时我们可以适当降价，免费赠送一些收费的服务，同时分享一下新产品的亮点及上线时间节点，客户也许就会心动。当客户没有特别明显的选择倾向时，就看谁更加主动、真诚、用心、细心和贴心周到。不少销售业务人员在这个环节就只知道傻傻地等待，最终因错失了最佳的成交时间而丢单。

其实丢单并不可怕，可怕的是销售业务人员不能正确地进行自我反省，认识到自身能力的不足，反而把丢单错误归咎为价格高、产品同质化等原因。

要知道，客户和消费者都不是傻瓜，他们会选择他们认为最合适、性价比最高的产品和服务。或许在你看来，这是一次非常错误的决定，可事实证明客户和消费者的选择是对的，因为你丢掉了订单。

**在培训过程中，就"商务谈判"我们分组进行了谈判模拟，一组扮演客户的采购，另一组扮演乙方的销售，培训现场谈判激烈，通过头脑风暴，取得了不错的效果。**

**采购**：感谢贵公司参与我方公司×××项目的选型，请问贵公司在商务报价上有什么优惠活动吗？贵公司现在的报价比其他竞争对手都要高，在价格上完全没有竞争力，且报价远远超出了我们项目的预算范围，如果不考虑降价的话，合作的机会很小。

**销售**：这个月正好公司推出了买二送一的优惠活动，如果本月底前签约付款的话还可以免费赠送服务大礼包。其实我们的价格真的很低了，如果再降价我们就亏本了，毕竟我们的产品和服务您也看到了，提供的价值是完全不一样的。

如果说我们的报价真的超出了贵公司的预算范围，方便透露一下大致的预算么？我们好结合您公司的实际情况重新做一次报价，看看在产品和服务上哪些地方可以再调整一下，这样可以省点预算。但我们一直认为，像您这么大的集团公司，真的不差这十万八万的，我们为您这边提供最好的产品和服务，让您方在实际使用中看到效果，这比啥都强。

**采购**：在行业内，我方公司也算是行业标杆企业了，如果贵公司能够与我方公司达成战略合作，我想贵公司不仅可以在产品的更新迭代上获得更多、更好、更真实的使用场景的改进建议或意见，而且在整个行业的业务拓展层面更加具有说服力。

其实我们也是在帮助你们，和你们共同创造一个好的产品，所以贵公司应该免费给我方使用才对，我们这么大的公司使用你们的产品，免费给你们打广告了，按理说还得付点广告费给我方公司才对，让你们打个折，也不算为难你们。

**销售**：非常感谢贵公司的认可，尤其是×××总监您的认可，给我们这次合作的机会，能够与贵公司合作倍感荣幸，也非常期待能够与贵公司一起共创一个接地气的、符合真实使用场景的好产品，让您公司用得放心、用得省心，用得舒心，让员工喜欢，让老板认可。

**采购**：我方公司业务需求部门真心想跟贵公司合作，但公司大领导就批了这点预算，我作为采购，看到贵公司在项目前期的辛苦付出，都有点难以启齿。我方公司就这点预算，还有合作的可能性吗？

**销售**：×××总监您就别跟我开玩笑了，这么大的集团公司肯定不差这点小钱，方便透露一下大领导批了多少预算么？如果预算实在有限，咱们可以让集团总部小部分人先用起来，让大领导看到实际的使用效果，看到产品和服务带来的价值，那时候大领导肯定会同意增加预算的。

实话跟您说吧，我们公司之前合作了不少客户，比如×××，规模体量跟您目前所在的集团公司差不多，但这些企业在这方面的投入都非常大，实际使用的效果也非常好。如果有需要，我可以安排到两三家企业参观考察，邀请您公司的大领导跟项目组人员一起，跟兄弟单位交流学习一下，或许领导会有新的想法，增加项目预算。

其实咱们的目标是一致的，希望通过我们提供的产品和服务，既能为企业增产增效，又能节约成本减少投入，还能持续提升企业的市场竞争力。只有把您公司服务好了，您再顺便帮我们推荐给兄弟单位，我们公司才会有更好的发展，金杯银杯不如顾客的口碑，我们说一百句自己的好不如您说一句的效果好。

**采购**：贵公司的产品和服务都还蛮不错的，但对于我们公司而言，针对性不是特别强，比如产品的某些功能、性能、安全规范等达不到要求，比如运营服务无法提供个性化的专项服务。坦率地说，我们领导不是很满意，也在考虑其他服务商，价格是不是可以更优惠一些？

**销售**：感谢您对我们公司的产品和服务提出这么好的建议，刚刚您在说的时候我已经全部速记下来了，我现在跟您确认一遍，您帮忙把把关，看看是否有遗漏的地方，我好第一时间跟公司产品和运营的同事同步一下您的宝贵意见。

我也不怕您笑话，在我们销售团队，我们公司有一个规定，那就是"积极响应及专业服务顾客的速度决定了成交的速度，您的满意才是我们工作的开始"。我们公司鼓励顾客提建议或意见，我们还特意邀请了一些顾客和我们一起共创产品，也非常期待您的参与，让我们一起共创出来一款体验感更好、更加符合业务场景的产品。

您看这样可以吗？结合您刚刚提到的新需求，我们跟公司的产品和运营团队研讨一下，哪些是可以免费赠送的，哪些是要收费的，收费的话一定只收取人工成本费，但上一次的报价真的不能再低了，我们帮您向公司再尝试申请一下，看看能否多申请一些增值服务。

**采购**：我方公司领导有一个习惯，就是第一次合作大家都拿出一点诚意来，不要考虑赚多少钱，先共同把事情做好，第二次合作的时候一定会让贵公司赚到钱。我也不跟贵公司砍价了，直接给个渠道价就行，据我所知，行业规则一般都是五折的样子。

**销售**：您的砍价能力也太厉害了。您也知道，现在竞争这么激烈，价格又这么透明，哪还有这么高的利润空间呀，别说五折了，八折就得让我们公司关门大吉。

我们也非常能够理解您的想法，咱们换一个场景，如果您公司的销售业务人员去跟顾客谈合作，遇到今天同样的话题，您会教您的销售业务人员如何谈呢？

再补充一点，我们公司跟渠道合作，先不说是五折还是几折，您也知道，作为渠道服务商需要干好哪些事情。市场开发、客户跟进、商务关系、运营服务等都是需要渠道服务商独自完成且必须干好的。我们给渠道服务商的折扣，其实就是把市场整个开发运维的成本返给渠道服务商了，大家在一个生态内共生共赢。

领导，您就别为难我们了，再这么谈下去，明天我就得被老板开除重新找工作了。咱们先不谈价格，先谈谈您对项目实施效果的预期，我们可以先在这方面好好深入聊聊，看看在项目实施服务上我们可以在公司内部协调哪些实施服务经验更加丰富的同事协助后期的工作，我们相信让项目的成功实施，让员工满意、领导认可、公司看到效果才是最重要的。

**通过上述的商务谈判模拟，我们可以明白，商务谈判是一个斗智斗勇的过程。通过商务谈判，可以看出一个人的临场应变能力、语言组织能力、演讲能力、逻辑思维能力、心理分析能力、现场把控能力等等。也明白了商务谈判的最终目的，是基于"诚信互利"这个前提，达成合作共赢。**

不管是商务谈判，还是销售的其他环节，其实都没有想象中困难。只是许多销售业务人员整天异想天开，等着天上掉馅饼，只想走捷径，连最基础的"勤奋"都做不到。那么，那些顶尖销售员又是怎样的一种工作状态？

所有顶尖的销售人员，他们白天有且只有一种工作状态：不是在拜访客户的路上就是正在拜访客户，绝不是整天窝在办公室打几通电话做做样子。提供项目报价方案及产品体验，他们一般都是利用出差的途中、晚上或周末休息的时间完成的，即使是如此忙碌都从未停止过学习。

优秀的销售人员喜欢那种南征北战、攻城拔寨、征服客户带来的喜悦和成就感。因为他们都有一颗王者之心，他们的桀骜不驯、自强不息、越挫越勇、敢为人先，注定了他们的不平凡，用湖南话说就是"吃得苦、霸得蛮、耐得烦"。

他们不为失败找借口，只为成功找方法。如果非要说有什么捷径，那便是跟着比自己优秀的人快速学习。我在培训课堂上多次跟学员分享过我之前做销售的时候对自己、对团队说过的一句话：销售业绩不好都是思维有问题，销售业绩太差都是因为不够勤奋，销售业绩太好只是因为巧用了天赋。

如果前期的"需求调研、客户邀约、上门拜访、产品演示、异议处理、方案呈现"这六个销售环节做到位了，商务谈判其实是一个顺其自然的过程。秉承"诚信互利"的原则，相信为客户持续创造价值的能力永远大于谈判现场的那一点小技巧。我把商务谈判的关键总结为以下五点：

- 商务谈判需要技巧更加需要真诚；
- 有时候吃点小亏是为了不吃大亏；
- 你的专业和勤奋才能够赢得信任；
- 把客户当作朋友而不是被宰的羊；
- 客户比你聪明记得用心做好服务。

# 6. 销售逼单要技巧

[临门一脚，绝地成交]

销售的目的就是要把产品或服务卖出去，把钱挣回来，把不可能变成可能，把可能变成无限可能。很多时候，客户已经明确发出了合作信号，但销售人员就是没有察觉到，缺乏临门一脚的成交能力，导致项目迟迟不能成交，有的甚至被竞争对手抢走了。煮熟了的鸭子都飞了，销售人员还全然不知。

此前一次企业培训中，当我开完战区项目总结复盘会，回到销售团队办公区，一眼望去，销售人员个个耷拉着脑袋，跟打了败仗刚从阵地上撤下来的将士一样，垂头丧气，无精打采。打败仗不可怕，可怕的是团队没有了自信，没有了士气，没有了打胜仗的决心，团队的未来就看不到了。

于是，我叫上三位战区经理，到公司附近的一个露天咖啡厅，聊起团队的近况。聊了差不多一个小时，才基本上搞清楚团队士气低沉的原因，我对三位战区经理提出了"1+1+1"的解决办法。

**第一个"1"，即全体销售人员的动员会。**

当天下午两点钟，动员会准时在会议室召开，我将从这三位战区经理刚刚提到的"我们的产品太复杂""我们的价格太高""我们与代理商关系一般"这三个问题给大家一个非常详细且真实客观地讲解及培训，找到应对的方法和策略。

**第二个"1"，即一对一辅导。**

三位战区经理把各自战区现有的意向客户全部梳理一遍，从当天下午三点钟开始，我们一起商讨每一个意向客户的跟进计划。

**第三个"1"，即成交客户经验分享。**

凡是按照跟进策略成交的客户，要第一时间在工作群中分享成交情况，以便各战区伙伴借鉴学习成交经验，并将这些经验快速应用于意向客户的促单行动。

第一个"1"是重振团队士气，第二个"1"是教会团队方法，第三个"1"是沉淀团队经验。竞争对手没有我们想象的那么可怕，他们也是人，不是神，我们只要冷静全面地分析对手，就能找到对手的不足及致命的弱点。

对手为什么低价，还不是因为产品不够优秀，没有真正好的产品会低价售卖。客户为什么说我们的产品复杂，还不是因为对手引导的，明明是我们的优势，反倒成了劣势。不是我们的产品复杂，是对手的产品过于简单。要说跟代理商的关系，这一点确实值得我们反思和学习，接下来我们要投入更多的时间和精力在代理商身上，成就代理商的同时顺便成就我们自己。

可喜的是我们刚刚用到第三个"1"的第二天下午，就成交了十二家客户，虽然单子不大，几千块钱到两三万块钱的都有，可都是直接通过电话成交的。下面，我简单分享五个客户成交过程中出现的问题和解决方案。

**案例一：华北战区销售员小李成交农牧行业客户。**

**问题**：客户对我们很认可，就是觉得价格太贵，正在体验一款免费的产品，迟迟不肯合作。

**方案**：我提醒小李从产品功能、产品性能、运营服务、更新迭代的周期和频次、使用效果、客户评价、品牌影响力及选择风险评估方面做一个我们的产品跟这个免费的产品的对比分析，同时告知客户买二赠一的促销活动即将结束，下个月不但要恢复原价估计还要涨价。

**成交**：很多时候销售人员不敢逼单，怕逼一下客户就把客户逼跑了。其实你大可放心，如果客户真正想和你合作，且你的技巧使用恰当，不但不会失败，反而会加速成交。这个客户就是小李把我们跟竞品的对比方案发给客户之后，再打了一通电话当天就签约打款了。

**案例二：华东战区销售员小王成交餐饮行业客户。**

**问题**：客户对我们很认可，就是担心合作后效果不好，迟迟不肯合作。

**方案**：我提醒小王把我们上周制作的餐饮行业运营实施专案和我们合作过的餐饮行业标杆客户案例分享给这个客户，并详细地告诉客户他们具体都是怎么实施的。

**成交**：行业标杆客户案例，是打消顾客疑虑的重要武器。多用客户案例做分享，成交概率至少提升30%，这个客户就是小王通过"一通电话+行业实施案例"在两天之内成交的。

**案例三：华东战区销售员小程成交珠宝行业客户。**

**问题：**客户对接人对我们很认可，但客户老板倾向价格便宜的。

**方案：**我提醒小程立马做一个可行性上报方案，方案中突出我们的优势，我们成功实施的案例，我们提供的详细运营服务和我们对客户的重视程度及合作意愿，另外再提供买二赠一的优惠活动，同时强调一下免费赠送付费服务包。切记：可行性上报方案记得打印盖章装订后快递给客户。

**成交：**客户对接人第二天上午收到可行性上报方案后汇报给领导，当天下午就直接跟我们签订合作了。


**案例四：华中战区销售员小杨成交金融行业客户。**

**问题：**客户觉得我们的产品还不能完全满足他们的要求。

**方案：**我提醒小杨赶紧跟产品的同事要一份最近半年的产品开发计划并告知客户，他们的需求我们在接下来的产品开发中有涉及，可以满足全部的需求，只是产品要晚几个月上线。我们可以把这个需求延期满足的条款写到合作协议里，同时通过真实的客户案例说明现阶段使用这个功能有点早，效果不会特别好，说明原因，并诚恳地建议客户在实际使用过程中不断迭代更新比较好。

**成交：**当看到小杨提供的产品开发计划时，客户立马提出来跟我们合作，只是要求产品开发计划必须写在合作协议中。我们同意后，客户当天成交打款。

**案例五**：西南战区销售员小张成交电力行业客户。

**问题**：客户对接人比较认可，已经上报，等领导批复。

**方案**：我提醒小张联系客户对接人，争取到与客户领导面谈的机会。

邀约技巧：告诉客户公司领导正好在他们公司附近开会或参加什么活动，如果有时间的话可以让公司领导与客户对接人的领导当面详细聊聊项目合作细节。

**成交**：这种方法很难约到客户的领导，但小张运气比较好，一通电话还真就约上了。正好公司领导出差回来路过客户那里，顺便就过去聊了聊。双方领导一聊还真就成交了，邀约后第三天签署合作协议。

当公司销售团队群里接二连三的分享成交的喜悦时，我看到了大伙脸上洋溢着自信的表情，大家的士气又起来了。我始终告诉自己、告诉团队，我们就是这个行业的冠军，我们可以做到战无不胜，攻无不克。我们的这种自信、这种优越感，要深入骨髓，因为这是一支常胜军队应有的气质，我们就是这样的一支销售队伍。只有心中无敌，才能无敌于天下。

# 7. 项目实施要保障

[兑现承诺，超出预期]

要想真正实施好项目，必须严格遵循一个原则，那就是控制好需求，明确目标，分解目标且责任到人，盯紧项目进度的同时保证执行到位，执行过程中做好监督检查，奖罚分明。也只有这样，才能保证项目的顺利实施，让产品健康地活下来。

**困境一**：跟客户签署的合作协议附件中有详细的项目需求文档说明，为何客户可以随意修改及添加需求？我们本来人手就不够，开发、部署、测试每一个环节，时间安排得都非常紧凑。客户现在又要增加新的需求且又不肯延长部署时间，按照之前的项目交付时间无法完成。

**困境二**：方案已经出了三版了，客户还是不太满意，设计师都快崩溃了。第一版是客户的项目对接人自己不太满意，第二版是他们的部门经理不太满意，这次的第三版是他们的大领导不太满意，具体哪里不满意，他们又说不上来。

**困境三**：客户方频繁更换项目负责人，之前负责这个项目的经理去负责别的项目了，他们内部又没有做好工作交接，刚来的这个项目经理对项目完全不了解，且貌似脾气个性还很强，不好打交道，很多思路和想法，跟之前的项目经理又有很大的差别，接下来真不知道该怎么办了，整个项目团队都不知所措。

类似这样的困境和下属的抱怨还有许多，如果你是项目经理，应该深有体会。当客户需求层出不穷，领导在客户和项目团队之间来回周旋，团队人员又不是很给力的时候，作为项目经理，确实十分崩溃。之前网上流传一个段子说："如果你讨厌一个人，就让他去当项目经理，负责项目实施，因为十有八九他会被失败的项目毁了。"

难道就一点办法也没有了吗？其实也不是。很多时候我们感觉无计可施是因为我们缺乏项目实施经验，缺乏科学的实践指导。以下是为了保障项目按计划实施，项目经理可以采取的六个步骤。

a. **明确项目目标**。学会从"客户业务场景"的角度去思考问题，而不仅仅是技术实现。时刻提醒自己不仅要关注技术实现的方式，还要关心客户业务场景需求的实现，以满足"客户需求"为目标导向。这个目标必须明确，且需要邀请公司领导和客户项目组人员以及相关领导反复深入沟通确定，并达成共识。未经双方许可，任何一方不得擅自更改需求。

b. **分解总目标**。阶段性的里程碑节点比最终验收节点更重要。要记得尽可能细地分解目标，把目标分解到月、分解到周、分解到天，部分工作需要分解到小时。只有细化到每一个工作单元，才能把控项目进度，更好地应对实施过程中的不确定性风险。作为项目实施经理，就是要盯紧项目过程，只有过程有保障，才能确保最终的结果。也能让自己有跟进项目的方向，不像以前那么盲目、茫然。

c. **将工作责任到人**。对待项目需求，必须要经过项目组人员一一签字确认，才能落地。做项目实施计划，不能是项目经理和领导自己拍脑袋决定，而是要有系统的规划，和项目组成员一起评估、确认，并阶段性地同步给所有项目人员确认，待大家达成共识之后再进行落地执行。这样既能让项目实施计划的执行有目标导向、有迹可循、有约束力，也避免了个别项目组人员因不知情、理解有偏差等问题影响项目进度而进行推诿。

d. **确保执行到位**。最简单、直接、有效的方法就是日清日结，严格要求项目组每位成员按照既定的项目任务保质、保量、准时完成，每天下班前提交工作成果及工作总结，项目经理及相关领导负责监督检查。项目执行过程中，提倡扁平化管理，明确项目组人员的职责、权利、义务非常重要，这样能够让项目组人员各司其职，每个人都知道自己该干什么、不该干什么，减少重复劳动，降低沟通成本，有利于团队协作，提高工作效率。

e. **及时监督检查**。大家都为了赶进度，极有可能出现报喜不报忧的情况。项目实施过程中出现的问题大部分都被过滤掉了，真实客观的情况没有及时反馈给项目经理，导致项目上线测试的时候，有了极大的风险。项目实施过程中，如果出现理解有偏差的情况，应该及时开会讨论并达成共识；如果出现个别人员的工作能力不够或工作意愿不强的情况，需要及时沟通或培训辅导甚至换人。做好信息的透明化管理非常重要。有一句话说得好，开会不执行等于零，执行不检查等于零，检查不奖惩等于零。

**f. 做到奖罚分明。** 比较常见的奖罚机制设计是这样的：按照项目标的总额的 3%~5% 作为项目团队的奖金，如果能够按照项目要求保质保量完成，原则上奖金需要全额发放给项目团队。具体怎么发放，每家企业都有自己的标准，但基本原则是按照项目参与者的岗位职级、在项目中的参与程度及价值贡献设计出合理的分配比例。如果未能按照项目要求保质保量完成，该是谁的责任就由谁来承担。如果责任问题比较大，不但无法获得奖金，还得做降级降薪甚至劝退处理。

**实操案例（某集团公司信息化建设项目）具体如下。**

**第一，项目启动。**

a. 客户方成立项目小组：项目负责人 1 人，技术部门 2~3 人，HR 部门 1~2 人，业务部门 1~2 人，大致为 5~8 人的项目团队；

b. 我方成立项目小组：项目负责人 1 人、商务经理 1 人、产品经理 1 人、设计师 1 人、研发工程师 6 人、测试专员 5 人、运营主管 2 人，大致为 10~18 人的项目团队；

c. 建立双方项目小组通讯录及沟通机制，日常交流通过微信群或钉钉群就可以了，稍微正式一点的项目进度汇报建议采取邮件往来或电话会议的形式，项目上线前后保证每周一次线下碰头会。

**第二，项目沟通。**

a. 组织双方项目组人员集中开会，再次确认需求：业务需求、功能需求、开发环境、部署环境、试运行注意事项、系统稳定性及安全性保障等。

b. 明确双方项目组人员各自的工作职责，彼此之间如何做好项目对接和配合，每位人员做一个简单的自我介绍及找到工作中对应的小伙伴，进行初步了解和认识。

c.建立项目问题反馈机制，通过"项目管理软件"针对双方提出的问题统一进行上传、分配、执行、反馈、检查、确认等全流程管理。

第三，项目开发。

a.以项目需求文档为准，从原型图、UI 设计，到开发、部署、测试、试运营等严格把关，核心是要把控好项目进度和质量。

b.项目开发需要的时间、成本费用、阶段性成果的时间节点、成果交付物、双方责任人及评审验收流程要非常清楚，按照甘特图做好项目开发的明细管理，具体到每一天。

c.做好PC端、移动端（IOS/Android/小程序）、前端、后端的实时同步，确保开发框架、开发规则、页面整体风格等保持一致性。

第四，系统公测。

a.首先是通过系统自动检测一下平台的稳定性、兼容性、安全性，是否存在漏洞及 BUG，若存在的话，第一时间进行修复，尤其检查一下业务逻辑是否正确。

b.邀请公司内部的测试人员及业务人员、客服人员进行人工测试，从界面设计、字体、颜色、行间距、前端后端、PC 端及移动端（IOS/Android/小程序）业务逻辑是否正确，数据是否互通，响应速度、兼容性、稳定性等性能是否正常。

c.邀请客户方项目组人员进行测试，发现 BUG 第一时间进行修复，反复测试后未发现 BUG 且性能基本稳定，就可以邀请客户方更多的员工参与公测，如有 BUG 及时修复，体验不友好的地方及时完善。

**第五，正式上线。**

a.上线前 3 天，项目组人员 24 小时待命，实行两班倒，及时记录问题，及时修复问题，系统升级尽量安排在凌晨 2 点左右完成，且与客户方达成共识。

b.安排系统操作培训，采取"线上移动直播＋线下集中面授"相结合的方法，针对系统管理员和学员进行详细培训，且提供系统操作手册（word 和视频两个版本）。

c.策划一次项目启动会，邀请双方公司大领导出席会议并讲话，从上至下重视且贯彻执行，同时宣布相关管理奖惩制度，保持系统的高效实施。

**第六，后期运营。**

a.保证系统的稳定运行，使用过程中遇到任何问题，提供"7×24 小时"服务。服务期内，免费享用系统同步升级的权利。

b.如有个性化的二次开发需求，严格按照项目开发管理流程执行：先提交需求，双方沟通、评估及确认需求，费用、时间、开发难易程度等，达成共识后签署二次开发协议并打款，走正式开发流程。

c.结合客户真实的业务场景使用系统，提供系统的使用频次，发挥出系统的真正价值，这才是运营服务的重点，需要我方的项目运营人员入驻客户方一段时间，和客户的运营人员一起，了解真实的使用情况，共同拿出改进的策略和方案。

总之，要想真正实施好项目，必须严格遵循一个原则，那就是控制好需求，明确目标，分解目标且责任到人，盯紧项目进度的同时保证执行到位，执行过程中做好监督检查，奖罚分明。也只有这样，才能够保证项目的顺利实施，让产品健康地活下去。

# 8.客户关系要维护

[投其所好，相互成就]

让客户认可你一次不难，让客户认可你一辈子不易。认可一次，可以靠销售技巧，花言巧语，甚至坑蒙拐骗。认可一辈子，唯有靠"真诚＋朴实＋勤快＋专业"为客户持续创造价值，要么为客户赚钱，要么为客户省钱，才能成为客户真正的朋友。

我在从事市场销售工作的十几年中，一直对客户关系的维护深有体会，尤其是在近两年转型做销售培训后，这种体会愈加深刻。因为这几年，邀请我去做咨询辅导的多数是交往五年以上的朋友。在梳理客户关系时，我询问了这些老客户邀请我去做培训的缘由，他们给出的回答均是因为相信我的专业、相信我的为人。所以，你只有凭借自己的努力去获得客户的认可，才能让客户相信我们，并给予我们机会。下面是我总结提炼的"客户关系维护"八步曲，以期帮助到更多从事销售工作的朋友。

## （1）第一步：能力得到客户认可

我现在还特别清楚地记得自己在十几年前第一次拜访客户时被拒绝的情景，也正是那一次，彻底改变了我对销售的认知。那是 2006 年夏天，我拿着英语点读机（自创品牌）去新华书店拜访书店的营业员，想咨询了解一下可不可以跟新华书店合作，把我们的英语点读机放到新华书店的柜台上售卖。

营业员高冷地看了我一眼，对我说："你知道这是什么地方吗？你知道学习产品进新华书店需要具备什么条件走什么程序吗？你的英语点读机能够干什么呀？老师都教不会，就凭这么个玩意可以学好英语，你觉得我会相信吗？"

本来准备好的销售话术，被美女营业员接二连三的问题问得脑子里一片空白。从新华书店出来，我不断地反复问自己，明明我做好了充分的准备去谈合作，为什么会被营业员说得毫无还手之力，现在想起来还心有余悸。

如果是现在的我去拜访新华书店的营业员，我一开始不会马上推销自己的英语点读机，我会先夸赞其长得漂亮，服务态度又好，同时问问该店英语类的学习产品都有哪些，销售情况如何？再拿出自己的英语点读机，让美女营业员体验一下并给点评点评，听听她的建议是否具有可行性？最后再问问同类学习产品都是怎么进入新华书店销售的？当然，这不是最直接有效的办法。最直接有效的做法就是问问身边的亲戚朋友，有没有在教育局、新华书店工作的人，或许只需要打一个电话就搞定了，当然前提是自己要足够优秀，值得亲戚朋友帮你这个忙。

由此可见，不管是亲戚朋友还是陌生客户，要想他们愿意帮你跟你合作，基本的业务逻辑是差不多的，那就是对你个人的能力要非常认可和欣赏，我认为至少要让自己成为"三家"：产品专家、行业专家、销售专家。只有成为产品专家，才能够真正协助客户解决实际业务问题；只有成为行业专家，对行业的前世今生才能有非常深刻的理解，尤其对行业未来的发展有自己独到的见解，能够启发客户新的思考，这样，客户才会对你产生好感；只有成为销售专家，才能够更加懂得察言观色，投其所好，给客户留下美好的第一印象。

## （2）第二步：品行得到客户认可

"红顶商人"胡雪岩曾经说过这么一句话："为人不可贪，为商不可奸，要想做善事，手中先有钱。"看似是为商之道，其实也是做人之理。胡雪岩出生于安徽省徽州绩溪县湖里村，幼年时候，家境十分贫困，以帮人放牛为生。他十二岁那年，其父亲病逝，十三岁开始孤身外出闯荡，先后在杭州杂粮行、金华火腿商行当过小伙计，后又到杭州信和钱庄当学徒，从扫地、倒尿壶等杂役干起，三年师满后，因勤劳、踏实成了钱庄正式的伙计。

说到胡雪岩十三岁那年外出闯荡的时候，有一则拾金不昧的小故事。故事发生在一个风和日丽的下午，胡雪岩像往常一样到野外放牛，他把牛赶到草地上吃草，自己便去不远处的凉亭里休息。走进亭中，他发现里面有一个大大的蓝布包袱，伸手摸了摸，硬邦邦的，又掂了掂，分量很重。他不禁好奇，于是打开了包袱，想看一看里面到底是什么东西。这一看，着实把胡雪岩吓了一跳，包袱里面全是金银财宝。

此时胡雪岩想起母亲的教诲，这些东西既然不是自己的，就一定不能拿，而且失主此时也一定是着急得要命，四处找寻遗失的包袱，所以他决定原地等待失主。胡雪岩先把包袱藏到草丛里面，然后好像没事儿一样，坐回那里等待失主。一直等到太阳快下山了，终于，有一个人神色慌张地跑了过来，开口就问："小哥，你有没有看到我丢的东西？"胡雪岩并未直接回答，而是很沉稳地反问："你丢了什么？"来人说："丢了一个蓝色的包袱。"胡雪岩听他这么说，才继续问他："里面都有些什么东西？"

来人一听就知道东西找到了，否则这个少年怎么会这样问呢？于是赶忙把里面的东西一一说来。胡雪岩见他说得分毫不差，这才将包袱取出还给了失主。包袱失而复得，失主当然非常高兴，于是从包袱中拿出两样东西，对胡雪岩说："这个给你，算是对你的酬谢。"胡雪岩连忙拒绝说："不要不要，这本来就是你的东西，我又没有做什么，本来就是该还给你的。"失主听后大为感动，于是告诉胡雪岩说："我姓蒋，在大阜开有一家杂粮店。你这么好的小孩子在这里放牛可惜了，如果你愿意跟我出去，我收你当徒弟……"

胡雪岩说："我现在不能答应你，要回去问母亲。如果母亲同意的话，我当然乐意跟你去。"蒋老板一听，更是觉得这个徒弟他收定了，所以就说："好好好，我把地址留给你，如果你跟母亲谈妥了，就过来找我。我那边给你安排好一切事情，你都不用担心，我一定会好好教你。"

胡雪岩回家以后，把整个经过告诉了母亲。母亲听后十分高兴，儿子有这么好的机会当然要去，这是求之不得的好事情。于是胡雪岩在十三岁的时候，独自一人离开了绩溪县胡里村，按照地址找到大阜的蒋老板，开始了在杂粮行的学徒生涯。

胡雪岩凭借自己拾金不昧的品德，获得了蒋老板的信任，为自己迎来合作的可能（被收为学徒），也迎来了人生的转折点。所以，信任是合作的前提，建立信任不仅个人能力要强，还得有良好的思想品德。二者相比起来，人品比能力更重要。能力不行可以培养，如果名声坏了就一切都结束了。正如那句话所说，"有德有才，破格重用；有德无才，培养使用；有才无德，限制录用；无德无才，坚决不用"。现代职场人，终究还得靠人品。

### (3) 第三步：工作得到客户认可

谈到这个话题，让我想起之前的一位同事，专门负责公司的"钉子户"，也就是抱怨比较多的客户。他提出过一个非常有意思的观点：客户永远是对的，就算错也是我们自己错在先，我们要相信客户不会无理取闹，我们存在的价值就是要让客户不再抱怨，认可我们的付出，尊重我们的劳动成果。

记得有一次，早上八点半，我们正好开晨会，这位同事的电话响了。这么早客户就打电话过来，一准没有什么好事，尤其是这位同事的电话。果不其然，电话里客户一顿臭骂，说我们的产品不好，老出问题，说我们的服务不及时，找人找不到，说我们销售就是大忽悠、大骗子，给完钱就不管了。

我这位同事一边听着客户的抱怨一边飞快地用笔写着客户的问题，且不停地表示认可客户的抱怨，在客户抱怨的同时还不断地询问有没有其他的问题。当客户抱怨完之后，这位同事详细地跟客户确认了自己记录的所有问题，部分因为沟通理解不一致的问题直接就在电话里解决了，几个有关产品的问题则告知客户现在就邀请产品研发部门的同事一起召开电话会议，拿出切实可行的解决办法。

这种处理客户抱怨的方式，在我这位同事看来已经是家常便饭了。客户的不满，有的是沟通不当导致，有的是客户自身的原因导致，也有的确实是我们产品的原因导致。但不管什么原因，我这位同事都主动承担责任，都说是因为我们没有服务好。客户到了他这里，85%的问题都能得到解决。甚至有段时间，客户一旦有问题就会打电话过来直接点名要这位同事负责解决。

通过一段时间的观察，我总结出来两点。一是服务态度，要真正做到想客户所想，急客户所急，需客户所需。只有具备这种主动服务客户的意识，且付出实际行动，才能够得到客户的认同。二是危机处理及解决问题的能力，敢于直面问题且第一时间解决问题，让客户的问题都能够找到答案且圆满解决，这样客户在日常工作中，无论大事小事都愿意主动找你帮忙，让你给出建议及协助落地实施，成为他的依赖。

### （4）第四步：服务得到客户认可

对于服务标准，每个人都有自己的理解和认知，但会带来客户抱怨的服务，我认为都是不及格的。真正好的服务，是超出客户的心理预期，给客户带来惊喜甚至惊讶，能够让客户发自内心、情不自禁地尖叫的。

近几年短视频营销比较火的领域之一就是餐饮行业，这个行业通过短视频造就了不少网红店。要知道，网红店是需要排队的，有的时候可能需要排上半个小时甚至一个小时。那么问题来呢？为了吃一顿饭，为什么顾客愿意花上半个小时到一个小时排队等候呢？

很多人是出于好奇，图个新鲜。也有不少年轻人就是喜欢这种全场火爆的氛围，喜欢撕心裂肺的歌声，喜欢服务员开啤酒时的帅气，喜欢美女服务员灿烂的笑容。总之，跟传统的用餐环境完全不一样。

当我去过一次网红店之后，遇到客户、朋友要一起吃饭的时候，我本能的想到去网红店。能够成为网红店，首先是菜的味道确实还不错，其次是服务真的有特色、有创新，体验感很好。

所以我一直认为，好的服务一定是有自己的特色的，且永远是超出客户预期的。让人产生意想不到的惊喜，才是服务的开始。如果客户在你这里消费，享受不到这样的惊喜，那么我认为服务是不合格的，客户很有可能会选择离开你，更不要说成为你的唯一了。

以前我们认为好的服务就是要用心、细心、贴心，现在我认为，光有这些还不够，这只是提供好服务的基础，最主要的是要有创新。创新不仅要产品创新，服务创新，更应该全流程创新。不一样，或者说独一无二的体验，才能让你成为客户唯一的依赖。

## （5）第五步：价值得到客户认可

何为价值？狭义的理解：体现在商品里的社会必要劳动。价值量的大小取决于生产这一商品所需的社会必要劳动时间的多少。不经过人类劳动加工的东西，如空气，即使对人们有使用价值，也不具有价值。

何为价值实现？价值实现是指企业创造的价值被客户认可并接受，从而完成了从要素投入到要素产出的转化。企业商业模式追求的价值实现，不是企业价值的独享，更不是建立在对客户欺诈和对合作伙伴压榨的基础上的，这种长久价值的实现应当是以双赢或多赢为前提的。

商业模式的价值首选实现，表现为客户价值的实现，即客户认为购买所得大于客户支出的成本。客户从企业所提供的产品和服务中获得了超过预期的体验和效用，这是企业价值得以实现的基础。

其次，表现为伙伴价值。企业与合作伙伴共同通过优化价值链，减少费用，提高运作效率，共享增加的收益。这是企业价值得以实现的保障。

再就是企业价值，企业实现最终赢利。当然，企业利润水平的高低既取决于自身，也取决于合作伙伴和竞争对手的情况。

要想客户把你当朋友，就得在客户价值创造、客户价值实现上多下功夫，尽量能够做到从业务数据到财务数据的增长变化都让客户觉得特别值得。很少有销售会深层次的思考产品的商业价值，如果不能理解"商业价值"这四个字的本质，又如何完成销售思维向商业思维的升级呢？

## （6）第六步：利益得到客户认可

没有永久的敌人，也没有永久的朋友，只有永恒的利益。我们需要跟客户在价值共同体的基础上，成为利益共同体。要么帮助客户赚钱，要么帮助客户省钱。

要知道，在这个世界上，有且只有两种感情是相对比较靠谱的，一种是建立在血缘关系基础之上的亲情，一种是建立在共同的利益基础之上的友情。客户叫你哥们，跟你称兄道弟时，你不要膨胀，需要冷静地思考：客户只是习惯性的称呼还是发自内心的把你当哥们。

能为客户持续赚钱或持续省钱，客户认可你，把你当朋友对待也无可厚非，谁叫你是他的赚钱天使呢？

### （7）第七步：兴趣爱好趋同

物以类聚，人以群分，什么样的人跟什么样的人在一起。了解过社群或参与过社群运营的，对这一块应该有比较深刻的认识。拿我自己来说，我平时喜欢阅读、爬山、钓鱼、打篮球等，于是我自己组建了读书会，参加了一个业余爬山的兴趣小组，组建了一个钓鱼小分队，参与了小区内的一个篮球队。通过自己的兴趣爱好，在长时间的相处过程中，与大家成了"老铁"。

我想每一个人在工作或生活中都或多或少的扮演着类似的角色，作为销售，如果能够参与到客户的人脉社交圈子当中，陪同客户一起玩耍，可以让客户从心底里开始接受你，同时也愿意把他的朋友推荐给你认识。

这个时候，你最需要做的就是用心做好服务，服务的过程中一定要真诚、坦诚、勤快，赢得客户和他朋友的认同，让时间见证彼此的情谊。一旦客户从生活中开始对你认同，你俩就真的可以成为"老铁"了。

### （8）第八步：价值观趋同

学相同，才能思相近；思相近，才能言相合；言相合，才能行相辅。先有思想上的共鸣，才可能产生心智层面的共鸣，一旦心智上能够同频共振，就真的志同道合了。

这样的客户是万里挑一的，真的非常难找，但如果遇到了，就要好好珍惜。你会发现，只要跟这样的客户聊天，就会有一见如故、相见恨晚、意犹未尽的感觉。

以上"客户关系维护八步曲"是我实践工作的总结，结构流程详细全面，比较完整地阐述了搞定一个陌生客户的全过程，从第一次与陌生客户见面，让客户产生好感、赢得客户欣赏开始；到赢得信任、让客户成为唯一；再到价值、利益的认同，兴趣爱好的趋同，最终到价值观的趋同。这其中需要具备什么样的能力及需要注意哪些细节，每一步都做了说明。

如今，我跟一些客户关系的合作已经比较深入，能够参与到客户战略决策的研讨，财务成本预算管理及整个市场销售规划中，我想这不仅仅只是客户对我能力的认可，更多的是对我的一种信任。有些客户，不管有什么需求都会主动找我，问我能不能做，做不了的还让我帮忙推荐其他服务商。我跟客户之间的这种关系，源自于我自己内心不把客户当客户，只把客户当朋友，从朋友的视角来帮助客户分析需求选择合适的产品或服务，目的是为了真正帮到客户，而不仅仅只是为了销售产品或服务。

第三章

# 技术要用好

# 1. 新媒体营销要话题

[蹭热点、戳痛点、燃情点]

新媒体营销，是指通过现代化移动互联网手段，利用微信、微博、头条等新兴媒体平台工具进行产品宣传、推广的一系列营销手段。通过策划与产品或品牌相关的、优质的、易传播的内容和线上活动，向客户广泛或者精准推送消息，提高客户参与度，提高知名度，从而充分利用流量，达到产品或品牌的营销目的。

新媒体营销的基本套路：追热点、戳痛点、燃情点。商业嗅觉敏锐的生意人，善于利用这个套路打造商业IP，抢占用户心智，加大品牌宣传，促进商业合作，达成销售目的。

## （1）蹭热点的方式要正确

只要稍微留点神，你就会发现，每当发生热点事件的时候，那些大咖级的公众号会在第一时间从不同的角度去解读这个热点，然后快速在朋友圈传播，这类文章的阅读量、点赞量、评论量，甚至打赏量，一般来说都不会太差。

移动互联网时代的热点，一般具有以下三个特征：影响范围比较广，传播速度比较快，有效时间比较短。如果我们能够在第一时间获得热点资讯的第一手资料，并充分利用好热点，那么就能够以极低的创作成本获得比较可观的流量。

蹭热点的本质就是借势营销，快速将热点的关注度转移到自己的产品或服务上来，让用户增加对产品或服务的认知，产生好感。关于话题社交，我总结出"话题社交五势理论"，即要学会顺势、借势、造势、取势、赢势。

例如在华为鸿蒙 OS 系统发布会后，就有好几个大咖级别的公众号从不同的角度去解读，有说好的也有说不好的，都是观点鲜明的评论文章，在朋友圈传播得都很不错，阅读量轻轻松松"10 万 +"。

当然，社会事件、直播新闻等不可预见的突发性热点对运营者的综合能力要求是极高的。既不能盲目蹭热点，还要快速针对热点信息进行多维度的分析，得出明确结论后再决定要不要蹭，怎么蹭，预期的效果如何，其中有哪些不确定性的风险。很多时候，为了蹭热点而蹭热点则忽略了热点的真实性，过度强调自己的主观思想，尤其在触碰敏感话题时会导致封号甚至有更严厉的处罚。切记一点，但凡是涉及国家机密、政策、伦理道德等方面的热点话题，请谨慎地"蹭"或者直接避开。

但有一类可预见性的热点，如国家法定的节假日、纪念日、大型赛事活动等非突发性热点，还有电商行业比较火爆的"双十一"、"双十二"等类似消费节。这些可预见性的热点，受众群体多，可提前做好准备，无须加班加点赶稿子，因为是过节，受众群也不会特别忙，有时间阅读。当然，这些可预见性的热点，也有不好的地方，因为所有商家都知道这个节日，不是什么稀缺性的热点，要想从众多的文案中脱颖而出、带动销量并非易事，非常考验文案的基本功。

## （2）戳痛点同样也要有讲究

只有真正戳到用户的痛点，才能引起用户共鸣，产品的价值才能被扩大，品牌才会更具传播力，才更容易推进销售。下面列举三个众人皆知的例子。

**a. 案例一：微商大军。**

针对宝妈这个群体，微商抓住了宝妈们的三大痛点，以此为基础诱惑宝妈们加入微商这个大军团。

**痛点一：** 大多数宝妈在家里带娃，闲来无事，有一份兼职的工作，不仅比较轻松，动动手指，足不出户就可以顺便把钱赚了，而且无须投入太多的成本，就能开启自己的事业人生。微商很好地利用了宝妈这个群体的这种心态，通过熟人社交的模式快速进行裂变。

**痛点二：** 做得比较早的那批微商，尤其是一级代理商或品牌方确实赚了钱，也正是因为看到有人赚了钱，才会有更多的宝妈们相信自己也可以赚到钱。特别是当参加几千人甚至上万人的大型线下活动，看到某些人站在聚光灯下发表获奖感言的时候，大家都希望下次上台领奖的是自己，这就激发了大家的积极性，是以目标为导向激励微商新人。

痛点三：从事微商的朋友会反复告诉你，这是一个赚大钱的好机会，千载难逢，错过了会后悔一辈子的，而且机会就在近一至两年，错过了就真的错过了。从事微商的朋友还会告诉你，不会选择，不坚持选择，就要不断选择。以此让你认定，选择做微商，是宝妈们最好的选择，没有之一。

从戳痛点来说，微商的这种模式毫无疑问是成功的，可惜太多的产品质量一般甚至很差，导致微商行业昙花一现。

### b. 案例二：学区房房价。

上学是孩子们的头等大事，父母们都很重视这件事。做父母的，谁不希望自己的孩子上一个好学校，可毕竟好学校有限，且条件非常苛刻。为什么北京很多学区房都被炒到了天价？拿中关村来说，没有低于每平方米十万元的房子。但即便是这样的天价，还是一房难求。

这是为何？主要原因就是学区房戳中了家长们最大的一个痛点，所有的家长都不希望自己的孩子输在起跑线上，他们对此有一种本能的恐惧，只要条件允许，家长会想尽一切办法让孩子上最好的学校。

正是因为家长们的这个痛点，学区房的价值被扩大了，但不管价值怎么扩大，甚至多么离谱，毕竟有钱人很多，尤其在北京，每平米十五万元的学区房依然有很多人买。对子女教育的投入，成了很多现代家庭最大的负担。

### c. 案例三：住院医疗费用。

任何商业行为，都有砍价还价的权利，唯独看病，除了医保，没有折扣没有优惠，医生说多少钱就是多少钱，除非放弃治疗。这是为何？因为健康是人最核心的需求，在健康面前，人们没有选择，所有人都想追求快乐，逃离痛苦。

戳痛点，很多时候戳的并不是拥有后的快乐，而是失去后的痛苦，因为失去后的痛苦远远比拥有后的快乐更加刻骨铭心。很多时候的消费行为，是因为害怕失去，是对失去的一种本能的恐惧。

这种痛苦，只有亲身经历后才会更有感受。2018年年底我陪伴母亲在医院住院的那段日子里，亲眼看见了因为贫穷放弃治疗的情形（费用估计要五十万以上），病人家属除了绝望后的痛哭什么也做不了。面对这种生死离别的痛苦，但凡是有点支付能力，我相信人们都会全力以赴。

某筹款平台能够快速崛起，就是因为准确地戳到了穷人没钱看病，需要通过众筹的方式集齐医药费这个痛点。后来他们又慢慢延伸到保险业务，提升穷人买保险的意识。短短两三年的时间，发展非常迅猛，听说腾讯还战略投资了这个众筹平台，也启动了上市计划。

如果产品真能戳到用户痛点，那就是用户刚需，营销就会容易许多。具有自传播能力的产品，只要营销稍微给点力，就会像燎原之火一样蔓延开来，销量的增长速度是非常惊人的。

## （3）燃情点同样也要有策略

2018年9月1日晚上八点央视播出《开学第一课》，9月2日清晨我便写了一篇文章通过公众号发表，让我万万没有想到的是短短两天的时间，这篇文章阅读量近三十万，点赞七千多次，打赏七百多元，引流关注公众号的粉丝近两千人。那时候我便认识到，一个有思想有情感的话题，带来的社交参与度及传播的力度和速度是非常惊人的，且远远超出常人的想象。

当然，只有思想和情感还不够，还得找到易感人群。这群人之所以"易感"，可能是因为志同道合，或者是同病相怜。不管出于什么原因，能够参与一个共同话题的易感人群，要么有过相似的人生经历，要么有着共同的兴趣爱好、是非观念或宗教信仰等，总之一定是因为这群人有一个共同的价值点，只有这样才能把大家联结到一起，让大家快速地获得参与感和成就感。

或许是因为我是培训师，所以我身边从事教育工作的朋友比较多；或许是因为我身边的朋友跟我一样，都有小孩在上学；又或许是大家被那篇文章中的感情或观点所打动。总之那篇文章一出炉便受到广泛关注。

大家疯狂地转载、点赞、评论、打赏，留言中有几个不怎么认可我观点的声音，直接被支持者和所谓的"意见领袖"的抨击声淹没了。此时，我明白了一个道理：情感在哪，话题在哪；话题在哪，社交在哪；社交在哪，流量在哪；流量在哪，营销便在哪。

为此，针对情感营销，我专门做了比较详细的了解和学习。情感营销就是把消费者个人的情感差异和需求作为企业品牌营销战略的情感营销核心，通过借助情感包装、情感促销、情感广告、情感口碑、情感设计等策略来实现企业的经营目标。因为有感触，观众会主动去传播、分享、扩大影响面积。此类营销带给人们心灵的震撼，往往让人记忆深刻，可以树立企业品牌的良好形象。与恶搞等低俗方式相比，情感营销更能升华、提高层次。当然，情感营销也有弊端，就是不能过度营销，不然会导致消费者失去理性，过度消费，从而引起反弹。

通过以上内容，我简单地和大家分享了一下如何"追热点、戳痛点、燃情点"，但只是学会这三招还不够，还得学会通过众多小号"养"大号，跟粉丝之间建立深度合作关系才行，让粉丝们成为你产品或服务的推广者和受益者。只有把大家的利益捆绑在一起，才能真正实现快速裂变，打造出更多的"爆品"。

## 2. 新媒体营销要故事

[要真实、够感人、能励志]

如果说营销高手还有什么绝招，不少人会认为就是讲好故事。其实我认为，真正优秀的营销高手，是自己创造故事，然后让别人去讲去传播。营销的首要目标就是要想办法让产品、服务或品牌形成自传播，传播的载体最好就是一个感人的、励志的、正能量的故事。因为只有情感、励志的故事，才能够塑造出深刻的、鲜明的形象，而故事也是最容易被粉丝分享的，尤其是我们从事互联网营销的首席运营官（Chief Operating Officer，COO）或首席增长官（Chief Growth Officer，CGO），如果能够运用好移动互联网，那么一个好故事，往往能够获得粉丝扩散式的而且持续的传播。

如何才能创造出一个好故事，让粉丝在朋友圈快速传播，吸引更多的潜在意向客户？从我自己的营销和销售实战经验来说，首先是要讲明白自己的动机，即发心，为什么要做这件事情，而且是非做不可。其次是要详细说明抉择的艰难，以及起步阶段的艰辛。再次说清楚坚持的过程，以及其中遇到挫折后的心理变化。最后让别人去讲、去传播故事的价值，给自己和他人带来的改变。

说到感人的、励志的、正能量的故事，大家众所周知、耳熟能详的有以下几个。

### a. 故事一：张瑞敏砸冰箱。

1985年的一天，张瑞敏的一位朋友要买一台冰箱，结果挑了很多台都有毛病，最后勉强拉走一台。朋友走后，张瑞敏派人把库房里的四百多台冰箱全部检查了一遍，发现共有76台存在各种各样的缺陷。张瑞敏把职工们叫到车间，问大家怎么办。多数人提出，查出的问题也不影响使用，便宜点儿处理给职工算了。当时一台冰箱的价格八百多元，相当于一名职工两年的收入。

张瑞敏说："我要是允许把这76台冰箱卖了，就等于允许你们明天再生产760台这样的冰箱。"他宣布，这些冰箱要全部砸掉，谁干的谁来砸，并抡起大锤亲手砸了第一锤！很多职工砸冰箱时流下了眼泪。在接下来的一个多月里，张瑞敏发起并主持了一个又一个会议，讨论的主题非常集中——如何从我做起，提高产品质量。三年以后，海尔人捧回了我国冰箱行业的第一块国家质量金奖。

张瑞敏说："长久以来，我们有一个荒唐的观念，把产品分为合格品、二等品、三等品还有等外品，好东西卖给外国人，劣等品出口转内销自己用，难道我们只配用残次品？这种观念助长了我们的自卑、懒惰和不负责任，难怪人家看不起我们。从今往后，海尔的产品不再分等级了，有缺陷的产品就是废品，把这些废品都砸了，只有砸得心里流血，才能长点记性！"

### b. 故事二：褚时健74岁再创业种橙子。

王石说："衡量一个人是否成功，不是看他站到顶峰，而是从顶峰跌落之后的反弹力。"这句话用来形容褚时健褚老爷子再恰当不过了。很少有人不佩服褚时健。褚时健青年从政，中年从商，走向了人生巅峰，但却未能风光退休，而是锒铛入狱。不得不佩服的是，在出狱后，已是古稀之年的褚老爷子并没有想着安享晚年，而是种起了橙子。

2002年，74岁的褚时健创建"褚橙"这一品牌。这里面有一则细节：当年哀牢山的农民加入褚橙果园的时候，发现这个老人种橙子和别人不一样，要求所有人必须严格按着操作手册种植。假若不按，就要罚款。

一时间，大家感到既新奇又不解。而且，褚时健的操作手册不简单，对种植的方方面面都有细致化、标准化的操作要求。一丝不苟，皆有标准。单单一个修剪枝条就详细到每年每棵树要剪几次，每次修剪要具体到离树干几厘米、提高产量怎么剪、防治病虫害怎么剪、为了树的生长量又该怎么剪……剪枝是果树行业公认的技术含量较高的工作。剪枝能够改善果树的通风透光条件，确保果树连年高产、稳产。为了摸索适合自己的剪枝方法，褚时健和四个作业长，每人负责十至二十棵树，采用不同的剪枝方法，然后比较分析。他们不仅看产量，还要用化验的手段比较品质。正是有了这样的手段，褚橙的剪枝方法才得以不断改进。

在对果园的管理上，褚时健采用的办法被称为是"用工业的办法管农业"。果园中每个新来的农户都要经过严格的训练，公司不光有计划、有要求、有监督，月底还会统一检查。公司每年给农户发一本定制的月历，上面详细地列满了每个月需要干的事情和标准。比如剪春梢，要剪到太阳正着和斜着都能透下来；再比如施肥的时间、数量、方式……

起初，个别农民认为自己和土地打了一辈子交道，根本不用教，于是偷偷自作主张，不按手册干活。不到一个季节，就见了分晓：按操作手册种植管理的橙树郁郁葱葱，自作主张管理的橙树却积弱枯黄。褚时健说，那操作手册是他根据以往的种植经验，以及实验室抽样实验得出的数据，总结出的最优操作方案，能避免操作失误，减少试错成本。执行过程中，褚时健还会对操作手册持续优化，然后及时普及。自此以后，大家都非常相信操作手册，每个人都认认真真执行操作手册的条例。如今，它已是指导全园农民的"红宝书"。

### c. 故事三：华为手机的崛起之路。

说起华为我相信大家应该是很熟悉的，但我估计在五六年前，有很多人是不知道它的。其实华为在做手机之前是世界上排名前三的通信设备制造商，只不过做的产品不是终端消费产品，而是一些通信领域的基础设施产品，所以即使之前你不认识华为，但是只要你上网、用手机，都会间接的用到华为的产品，而且华为的营业收入超过一大半都是在国外市场，与思科、爱立信等国际大鳄互相竞争，可以说华为是中国目前全球化程度最高、技术最先进的一家民企。近几年，华为开始进入智能手机领域，相当于从后台走到了前台，从幕后走到了幕前。

其实很早之前华为就接触了手机业务，早在 2003 年 7 月的时候，华为成立了华为技术有限公司手机业务部，并在 2004 年 2 月的时候携中国第一款 WCDMA 手机（一种 3G 蜂窝网络手机）参加法国夏纳 3GSM 大会，并在现场进行了丰富的业务演示。而在之前中国的手机领域是被其他国家所控制的，2005 年 6 月华为第一款 3G 手机 U626 被查尔顿媒体集团颁发"最佳 3G 手机奖"。尽管如此，华为手机在国内还是被其他国家的产品所压制，2009 年 2 月，华为在西班牙的"世界移动通信大会"上首次展示了其首款 Android 智能手机，并宣布将与 T-mobile 合作推广该手机。这也是华为崛起的开始吧！安卓系统的面世给华为的崛起带来了契机。

2010 年 9 月，华为在德国 IFA 上发布了全球首款 with Google 的 Android 2.2 普及型智能手机 IDEOS，得到了国际上的初步认可。2011 年 3 月，华为智能手机 C8500 在中国上市，百天零售过百万。其实这个时候华为还是被三星和苹果压制。2012 年 1 月，华为在美国国际消费电子展（CES）发布机身厚度 6.68mm 全球最薄智能手机 Ascend P1 S。凭借 6.48mm 的宽度、业界最领先的 1.5GHz 德州仪器（TI）OMAP 4460 Cortext-A9 双核处理器及华为软件优化处理技术，Ascend P1 S 再创两项"世界纪录"，一举成为 4.3 英寸屏智能手机阵营中最紧凑、最快的一款。同年 3 月，华为手机官方电子商城正式对外运营。同年 4 月，华为旗舰智能手机 Ascend P1 在北京全球首发，不久后 P1 经历大幅降价和放弃系统更新两大问题，打击了用户的信心。这也给华为不小的打击。同年 6 月，华为智能手机 C8812 在中国上市 60 天零售量过百万。2013 年三季度华为出货量 1270 万部，以 4.8% 市场份额跻身全球第三。

时至今日华为手机不停地创新，稳稳霸占国产手机龙头之位，而且在国外销量也是极佳的。不得不说，华为手机的成功，在于它不停地创新和技术改革，5G 技术的研发，也让华为手机开始领先国内外其他手机运营商。

通过以上三个故事（部分故事资料来自网络），我们不难发现以下几点。

**不管是海尔的张瑞敏、褚橙的褚时健，还是华为的任正非，都非常注重产品质量。**他们提倡以顾客为中心，以品质求生存。当然，这或许就是20 世纪 80 年代的优秀企业家们所追求的事业目标，也正是因为这一代优秀企业家们对产品质量孜孜不倦的追求，才带领更多的民营企业走出国门，走向世界，走进世界 500 强。

**不管是海尔的张瑞敏、褚橙的褚时健，还是华为的任正非，都非常重视人才的引进和培养。**海尔有自己的海尔企业大学，华为有自己的华为企业大学。每一家企业大学的梦想，都是将自己打造成为一流的企业大学，为企业为行业为国家乃至为世界培养优秀的管理经营人才。

**不管是海尔的张瑞敏、褚橙的褚时健，还是华为的任正非，都非常重视标准化的、精细化的工艺生产流程建设和管理。**为了能够保证产品质量，他们甚至提出了非常苛刻的产品质量考核标准体系。他们尤其注重新技术的研发投入，认为只有过硬的产品，才能有较强的市场竞争力，满足顾客的需求，持续为顾客创造价值。

**最终你会发现，一个好的网络营销故事，光靠编是不行的，还需要靠长时间的积累，靠耐得住寂寞，靠产品质量，靠科学技术，靠优质服务，靠用户口碑。**张瑞敏 1984 年出任海尔的前身青岛电冰箱总厂厂长，但是海尔真正的高速发展在 2000 年左右，经历了十几年的打磨沉淀；褚时健

2002 年上到哀牢山种植褚橙，可褚橙真正出名是在时隔 13 年的 2015 年前后，因为口感好，外加褚橙的故事，突然通过网络走红；华为在 2003 年开始尝试手机业务，可华为手机真正受到大众热捧是在 2017 年尤其是 2018 年下半年之后，同样经历了十几年默默无闻的发展。

由此可见，营销的基础是一个受顾客欢迎的、高品质的、高性价比的好产品，且这个好产品背后的好故事必须是有情感的，有温度的，励志的，充满正能量的，某种程度上体现的是民族自豪感和社会责任感。正因为如此，各种自媒体才会主动帮你传播，因为他们需要靠这个来吸引眼球，获得用户流量；各种商学院才会主动帮你传播，因为他们需要靠这个作为教学案例；粉丝们才会主动帮你传播，因为他们觉得分享优秀公司的故事是一种自豪、一种荣耀。要知道，自己编的是"话题"，顾客口口相传的才叫故事。

# 3. 微信营销要方法

[基情感，输价值，建信任]

只会卖产品的销售人员没有未来，不会互联网营销的销售人员同样没有未来。过去的传统销售经验，也许不是一笔宝贵的财富，而是束缚自己成长的一种负担。销售难，是因为你没有客户。没有客户，是因为你不懂互联网营销，不知道怎么拓客。

销售难，是因为你没有客户，有客户其实就不难了。客户到底怎么来？不少传统企业并没有深度思考这个问题，也没有很好的解决办法，还是采取非常传统的销售方式，一味地要求销售人员不停地打电话、陌生拜访、在朋友圈发硬广告，殊不知给陌生人打电话、陌生拜访以及朋友圈发硬广告的销售方式三年前就落伍了。

请你思考一个问题，你们公司除了销售部、市场部之外，有没有产品运营部、互联网营销部这两个部门呢？如果没有，是时候考虑一下新增这两个部门了，至少先把产品运营部组建起来，互联网营销部可以借助外力。

因为在互联网普及率高的今天，这两个部门的作用不容忽视。

不管你们公司的销售人员再怎么厉害，如果没有好的移动互联网营销思维，缺方法、缺技巧，尤其缺互联网营销资料和道具，不知道怎么通过移动互联网平台拓客的话，再厉害的销售能力又有何用呢？

要想真正做好移动互联网营销，必须解决一个首要问题，即用户触达。下面举个微信营销的例子。

首先需要盘点一下你的微信好友有多少。要知道，一个微信号最多也就5000好友，100%触达也才5000人，实际上能够做到20%的触达率就非常高了。查看一下自己的微信好友有多少，同时问问自己，这些好友的质量如何。

其次是微信群。不管是自己建的还是加入的其他群，合计有多少个。我猜大多数人的微信群没有超过100个。就算有100个微信群，且每个群都有500人，也才5万人。现如今的微信群的活跃度及实际的效果，我想不用我多说，大家应该都比较清楚了。

再次是微信朋友圈。你会发现，三年前你发条朋友圈动态会有不少好友为你点赞，可现如今点赞的人数却越来越少了，这是为何？从结果来看说明你的触达率在下降，或许是朋友圈成为广告圈的原因，或许是你的好友们粉丝量都太多，导致你发的消息被覆盖，等等。

最后是公众号、订阅号或小程序。以前写一篇文章，发到微信朋友圈或微信群，只要标题起得好一点，又蹭上热点，加之文章观点鲜明且充满正能量，轻轻松松可以带来几十上百甚至上千的关注量，而且转发量也不错。现如今打开订阅号看的人数都非常少了，更不要说新增关注和转发了。

用户关注或转发你的文章，说明用户极度认同你文章的思想，尤其是打赏的用户，更是产生了强烈的共鸣。

有人说，微信营销的发展已经接近尾声，投入产出不成正比，与其在微信上下功夫不如在短视频上发力。持有这种观点的人，或许有他们的道理，但我想说的是，短视频营销跟微信营销还是不一样的。短视频是在一个公域场合针对所有陌生人营销，看似触达率相对比较高但是因为没有信任关系，很难形成商业转化。微信则不一样，微信是一个相对封闭的私域场合下的熟人社交，虽然触达率相对较低，但是因为有信任关系，商业转化率相对更高一些。

当然，通过这几年的发展，微信逐渐趋于成熟，靠抢占先机赚钱的时间点已经过去了，现如今比拼的是真才实干，从某个角度来说还要感谢微商，是微商加速了微信营销的进化。

如果你不会制造话题，不会讲故事，不会写软文，不会拍照及简单的编辑，不会塑造自己的网络 IP，不会取悦客户，不会给产品"穿个好马甲"，不会触动情感引起共鸣……是很难做好微信营销的。

不少朋友都有一个错误的认知，就是希望公司或他人把销售道具准备好，自己呢？变成一个复制粘贴的工具。殊不知，在已步入移动互联网时代的今天，复制粘贴的工作，机器人可以完全取代人，而且比人干得更好。我们真正需要做的是加强学习，不断提升自己的能力，分享自己的真情实感，只有这样，才能真正触动用户心灵，引起共鸣，提升转发率和触达率。

曾经，一位朋友给我分享过一个女孩做微商的故事，这个女孩，通过做微商卖大米，短短三年时间年薪已近 100 万。

我本能地问了一句，这个女孩子之前是干什么的？我问这句话是因为我觉得通过做微商卖大米的人很多，为什么这个女孩子能够做到年薪近百万，她一定有着不一样的过人之处。

这位朋友给我的回答是这位女孩子之前的职业是老师，做微商卖大米是因为老家生产的大米卖不出去，想帮帮老家人，没想到一卖就卖得很好。

我对这位朋友说，做微商也是需要能力的，任何行业都有自己的二八法则，真正做微商赚钱的也只有那20%，他们是真正有能力有实力的精英。因为这个女孩子是老师，所以她的思想、底蕴、亲和力、书写能力等，比大多数的微商从业者都要厉害，这正是这位女孩子做微商能够赚钱的关键。

不管是从事微商，还是其他任何职业，比拼的都是学习能力和将所学转化为所用的能力。如果你没有学习能力，缺乏创新能力，不管你是做微商还是别的什么职业，都很难做好。为什么呢？谁的身边还不认识几个卖保险、做微商、卖房子、卖保健品和卖化妆品的人，为什么顾客非要跟你合作，从你这里购买呢？

反思：作为一名销售从业人员，除了提升自己的销售能力之外最需要提升的能力是什么？我个人认为，主要是以下五点。

a.语言表达的能力。能否清晰、准确、风趣地表达自己的思想和观点，非常重要。

b.书写的能力。这项能力不仅仅体现在文字的书写上，还体现在善于利用图文、语音、视频等编辑器上。

c.网络聊天的能力。能否制造风趣幽默的话题，讲一个感人的故事，让用户参与交流讨论，最终形成传播。

d. 观察学习的能力。能否将他人的朋友圈及微信群分享的资讯和内容，快速转化成为自己营销的道具。

e. 经营客户的能力。你会及时给你客户在朋友圈分享的内容点赞吗？你会用兴趣标签对客户进行分类吗？你会第一时间跟他们分享你认为他们感兴趣的话题吗？你有通过朋友圈认真了解他们每一个人分享的内容吗？已经和你合作的客户有多少人为你推荐了新客户？你是如何通过移动互联网经营你的客户的？

# 4. 短视频营销要才艺

[秀才艺、会表演、讨人爱]

什么是短视频？截至今日还没有一个精准的定义。SocialBeta 将其定义为"一种视频长度以秒计数，主要依托于移动智能终端实现快速拍摄与美化编辑，可在社交媒体平台上实时分享和无缝对接的新型视频形式"。国外比较有代表性的短视频发布平台有 Instagram、Vine、Snapchat 等，国内此类产品的起步稍晚于国外，但已有快手、抖音、微视、秒拍、美拍、微信短视频等平台。

如今的移动互联网已经进入了视听时代，视频越来越受到大众关注。短视频领域将成为数字营销的重点桥头堡。最近一两年，短视频的兴起引爆了一股营销的潮流，那么那些动辄刷爆朋友圈的短视频是怎么做到的呢？

## （1）精准定位粉丝群体

你做的短视频内容到底给谁看？毫无疑问，是给粉丝看的，粉丝喜欢的程度关系到你最终的商业变现能力，而且粉丝的言行很有可能直接影响你的创作灵感。所以创作内容的时候要注意去了解粉丝的兴趣爱好和社会属性，贴近粉丝心理，创作出符合粉丝审美的内容。

具体需要怎么做才能真正了解粉丝呢？只靠自己闭门造车可不行，最精准的方式莫过于用户行为数据的分析。那么具体需要了解粉丝的哪些数据呢？

**a. 粉丝画像。**

粉丝画像包含性别、年龄，职业、婚否、兴趣爱好、地域、生活习惯、娱乐习惯、消费习惯以及经济条件等要素，这是最基础又是非常重要的数据。通过这些数据可以大致了解粉丝属于哪一类人，有助于你更加准确、更有针对性地去创作这类用户群体喜欢的短视频内容。

以抖音为例，根据平台上的整体数据来看，女性用户的比例超过65%，用户的年龄普遍偏年轻化的，90% 的用户都在 30 岁以下。好多人都说刷抖音的大多数是都市的白领，其实数据显示，抖音在一线城市的用户占比并不高，仅为 15% 左右而已。

为什么大家都爱在抖音上卖货变现？因为抖音上大多数用户的工资收入集中在 3000~8000 元 / 月，这就意味着一部分用户其实还是有一定的消费能力的。如果粉丝支持某网红，那么他们自然愿意为某些产品买单。所以从以上粉丝数据中我们可以总结粉丝画像，从而得出抖音用户的中端消费能力比较强的结论。

当然，如果你要去做短视频，必须结合自己所属行业服务的客户情况，详细梳理出来一份粉丝的数据，当你拥有较为详尽的粉丝画像数据，不再想当然，不再迷信经验时，就能做出符合大部分粉丝需求的短视频内容，然后再根据粉丝反馈，不断完善自己，得到自己独一无二的短视频内容，形成差异化的竞争力。

**b. 粉丝的兴趣。**

当你和粉丝建立了联系，通过一段时间的积累，拥有了一定的粉丝量之后，要想办法挖掘粉丝的兴趣爱好，学会投其所好，取悦你的粉丝，让粉丝"爱"上你。

了解粉丝都爱关注哪些大 V。如果说我们的粉丝都爱同一类大 V，那么我们就可以总结这些大 V 的特色，然后去学习和模仿这些大 V 的风格，当然也要加入一些自己的风格和特色，提升自己的核心竞争力。先模仿后创造，站在巨人的肩膀上看风景，视野会更开阔一些。

直接看粉丝最喜欢哪些内容，比如说总结出标题、风格、封面和配乐等方面的偏好，然后自己的内容尽量往粉丝喜欢的方向靠。还要去看看粉丝们评论最多的视频是哪些。他们关注的核心问题是什么？为了有趣，为了知识，还是为了其他什么，我们根据这些提炼出能戳中用户痛点的内容，就能获得更多用户的认可。

立足粉丝，结合多维度粉丝数据，创造出粉丝喜欢的内容，才能引发粉丝的喜欢和传播，让企业在短视频营销中获得流量和转化。

## (2) 明确你想要的是什么

你只是为了传播品牌还是要实现付费转化？如果只是为了传播品牌，让用户对品牌有一定的了解，那么有个初步印象就行了。如果要形成付费转化，让粉丝下单，就必须要持续性地营销，因为单次的效果不会太好。当然，如果是让粉丝下单，就必须围绕产品功能优势持续介绍，加深用户对产品或服务的印象，这样促成转化付费的概率就更大，或者是让粉丝以后有使用需求时，第一个想到的就是你的产品。

### （3）短视频内容一定要迎合粉丝诉求

不同的粉丝有不同的内容诉求，所以为了迎合粉丝诉求，视频内容可能有走心的、无厘头的、魔性的、正能量的、伤感的、幽默的、实干的、吐槽的等不同类型，但是无论你选择哪种类型风格，都需要考量到你产品的特点和价值。如果你是做互联网教育的，那么你的视频内容必定不能低俗无趣，否则你的粉丝绝不会买账。所以你需要在你的产品特点和粉丝诉求中找到重合点，这也就是视频内容的方向。

### （4）广告植入一定要巧妙

要知道，但凡广告痕迹明显的内容很难得到粉丝转发，除非你的内容价值大到可以抵消粉丝对广告的反感。一个真正让粉丝觉得有高价值的短视频，一定是广告植入巧妙，润物细无声的。即便粉丝看出来是广告，也要让粉丝觉得这广告非常有创意，有情感，能够引发共鸣，愿意支持你，帮你传播。

### （5）短视频要控制好时间长度

短视频长度最好是控制在六十秒以内，注意节奏，便于传播和无 WiFi

的情况打开。因为我们做过调查，超过三分钟的视频，有75%的人不愿意用流量观看。但是一分钟左右的视频，如果内容好的话，有65%的人可以接受直接用流量观看。另外，短视频的节奏一定要快，只有高潮部分且持续保持高潮，时间不要太长，否则容易让粉丝分心走神，导致根本看不到最后就关了。既然短视频都没有看完，又怎么可能会分享转发呢？

### （6）短视频剪辑和配字幕要到位

关于剪辑和配字幕的问题，我说点简单易用的，对于新手来说，剪辑用的软件推荐三款：快剪辑，爱剪辑，还有会声会影。快剪辑有人反映剪辑之后有瑕疵，不显示图像，如果有类似问题，可以直接用爱剪辑或会声会影，操作起来也比较简单。

配字幕我推荐两款软件：电脑端的字幕通和手机端的快影。这两款软件基本上能够满足我们日常给视频添加字幕的需求，而且快影是自动识别，自动添加，如果出现识别错误，还可以进行修改，非常方便。

### （7）短视频要把握好发布时间

选择合适的发布时间，可以让更多的用户及时看到你的内容。根据大数据分析，有超过70%的用户喜欢在吃饭前或睡觉前刷抖音。所以说，吃饭时间（比如说工作日中午11：30~13：30，下午17：30~18：30，晚上20：00~22：00），周末的晚上，都是发布的好时机。当然，这只是我自身的一些实操经验以及和身边一些玩短视频的好友交流后达成的共识，具体的发布时间可以根据你的实际情况做调整。

### （8）标题和封面一定要有吸引力

标题和封面直接决定视频的生死，一定要抓人性。因为每天我们都生活在各种信息流里面，决定我们是否点击一个内容的时间不会超过三秒钟，所以视频标题一定要短小精悍，关键字要前置且突出显示。封面最好是能够做到博人眼球，或者能勾起用户的好奇心。

### （9）利用外部平台进行宣传

用好短视频营销阵地：抖音、微视、微信短视频、秒拍、美拍、快手、小咖秀、A站、B站、腾讯视频、爱奇艺、优酷等扩散渠道。可以争取首页热门、频道推荐、排行榜等位置。因为这些平台基本都有千万级甚至过亿级别的日活跃用户数（Daily Active User，DAU），所以最省钱的方式是借助这些平台的流量。

### （10）选择大 V 进行传播

分发传播时，找一个 1000 万粉丝大 V 的效果没有找五个 200 万粉丝的关键意见领袖（Key Opinion Leader，KOL）的效果好，因为多个号会给用户一种刷屏的感觉，也会更加吸引人点击。还有就是不少大 V 的流量粉丝造假，且配合度比较低，性价比不高。当然，KOL 的筛选也非常重要，需要找到一些精准且流量真实的。

以上十个方面对短视频从一开始定位用户群体、了解粉丝画像、期望的营销目标到内容的策划、技术的应用以及后续的推广技巧等方面，进行了比较全面的介绍。需要强调的是，如果要想短视频有品质，还需要把握好三个关键节点：

a. 内容必须是原创，只有原创的内容才能吸引粉丝；

b. 要应用好技术驱动，不管是剪辑、配音、配字幕还是其他，均要让用户觉得有新鲜感和画面感；

c. 不管是红包激励还是在标题及背景图片或内容上做文章，必须要做到让用户愿意主动帮你传播，只有这样，才能真正做好短视频营销。

# 5. 数字化营销要精准

**[ 低成本、高效率、全智能 ]**

当你还在质疑数字化营销有没有效果的时候，你的竞争对手已经捷足先登，并且取得了非常好的业绩增长。当你发现传统营销越来越难做，成本越来越高，效率越来越低，且业绩一直停滞不前的时候，是时候停下来好好学习一下数字化营销了。

## （1）何为数字化营销

数字化营销是以计算机信息网络技术为基础，通过现代电子手段和通信网络技术，有效地调动企业资源开展市场活动，以实现企业产品或服务有效销售的一系列活动过程。其实质就是借助计算机网络技术来实现市场营销、业务流、资金流、信息流的协调和统一，从而通过消费者满意来获得利润。

数字化营销要求企业以营销活动为对象进行数字化、网络化、移动化、可视化、智能化的信息集成、应用与共享系统建设，它将企业各部门、各区域，甚至商务伙伴的信息通过数字化、标准化的计算机处理和网络传输，极大限度地继承和利用各类信息源，构成一个完整的营销信息模型，以便于彼此间通过网络这一信息高速公路相互查询、协作、共建共享，实现共赢，并避免信息源、知识源的浪费和低水平重复，从而提高营销活动的效益和效率，带动企业的全面、高速度、可持续发展。

数字化营销的本质仍然是营销，数字化只是一种手段，当然，也有人称之为是一种思维。但不管怎么定义，单从数字化的内涵来看，其主要内容包括网上信息收集与服务、数据挖掘、网络销售与购物、网络促销与广告宣传，电子结算等几个大的方面。此外，从市场营销过程来看，数字化营销涉及从市场调研、市场细分、广告与公关、定价、渠道销售、新产品开发等整个过程。

## （2）数字化营销有何优势

a.**更低廉的成本**。在网上发布信息，代价有限；将产品直接向消费者推销，可缩短分销环节；发布的信息谁都可以自主地索取，可拓宽销售范围；这样还可以节省促销费用，从而降低成本，使产品具有价格竞争力；前来访问的大多是对此类产品感兴趣的客户，受众准确，避免了许多无用的信息传递，也可节省费用；还可根据订货情况来调整库存量，降低库存费用。

b.**更快更广的传播速度**。当下几乎人人有手机，人人能上网，人人玩微信、微博、头条、短视频、钉钉等热门APP，那么借助社交媒体平台和网络平台进行数字营销所面向的受众就是非常广泛的。撰写几篇图文或者根据热点编辑一条微博、随手拍个短视频，点击发送后几分钟内就可以传送到粉丝的手机上，再经由朋友圈转发，还能获得更多的阅读量和关注度。

c.**更精准的营销方式**。不同的企业、不同的品牌有着自己独特的目标客户群体，通过建立公众号可以将自己品牌的潜在客户集中起来，保证每一次的数字营销都能精准地面向这些有可能购买自己产品的客户。同时通过分析营销数据还能进一步了解潜在客户的关注点和兴趣爱好，做到更精准的营销。

d.**更个性化的营销服务**。众所周知，现代社会是一个人人追求个性化的社会，无论是一言一行还是广告宣传，有个性才能有人记住，有人记住了才能带来营销效果。以往的推广营销模式虽然也可以达到推广的目的，但是与个性化却极少沾边。数字化营销则不同，它能够按照客户的需要提供个性化的产品，也可以跟踪客户的购买习惯和爱好，推荐相关产品，是一种人性化的营销模式。

e.**更高的营销转化率**。数字化营销成功案例的一个共性就是具有高营销转化率，也就是将营销受众变成真实消费者的转化率。这样的营销效果其实是得益于上面两个营销效果，即广泛的传播范围加上为潜在客户定制的数字化营销活动必然能够得到较高的营销转化率。正是因为数字化营销能够实现用最小化的投资达到最大化的营销效果，才有了现下这个巨大的数字化营销市场。因为数字化营销需要专业的理论技术支持以及丰富的媒体资源，因此寻找专门的营销机构进行合作就成了各大中小企业比较好的选择。

f．**更优的集成方式**。数字化营销实现了前台与后台的紧密结合，不仅能快速响应客户的需求，同时还能实现商品信息、收付款、售后服务一体化服务，因而是一种比较全面的营销渠道。此外，企业可以通过互联网进行统一的规划和协调实施，能够避免因为宣传的不一致性带来的客户质疑。

g．**更丰富的产品信息**。数字化营销通过互联网可以提供非常详尽的产品规格、技术指导、保修信息以及使用方法等，同时还能为常见问题提供解决方法，用户也可以通过网络获得相关信息，方便省事且更快捷，能极大地提高客户对企业的好感度。

h．**更灵活的市场**。因网络能超越时空限制，所以采用数据化营销能让营销产品的种类、价格和营销手段等根据客户的需求、竞争环境或库存情况及时调整，更好地发挥产品价值。数字营销还具备多媒体、跨时空、交互式、拟人化、超前性、高效性、经济性等特点。由于利用了数字产品的各种属性，数字营销在改造传统营销手段的基础上，增加了许多新的特质。

i．**更好的品牌发展**。在对比在线广告和传统广告的效果时，传统的营销统计数据并不能衡量在线广告产生的品牌形象，这主要是因为传统营销广告的空间和频率有限，数字营销显然赢得了这一类别。

j．**提高参与度**。数字化营销通过深度学习技术，时时收集、分析用户行为数据，依据用户行为数据分析用户的兴趣爱好、消费习惯等，有针对性地推荐商品及提升社交属性。例如最近两年比较火的短视频、直播等方式，用户参与度就比较高。

k．**更精准的战略决策**。依靠数据分析出来的结果智能决策已经成为一种必然，很多大型互联网企业已经实施好几年了，且取得了非常惊人的成绩。作为初创企业或中小企业，我们要时时依据相关数据的变化快速调整战略部署及对应的市场策略，与市场实时同步变化节奏。在营销演变过程中，能够立于不败之地的，不是那些能力最强的组织，也不是那些最聪明的组织，而是那些最能适应商业变化的组织。

## （3）如何做好数字化营销

a．**扩大利用数字资源**。互联网发展初期，企业办公利用数字记录能够方便工作的开展，而随着互联网的各项功能慢慢趋于完善，其强大的数据资源对企业运营工作的辅助作用越来越强大，今后深层次的数字营销也将在企业营销中占据更大的比重。

b．**信息数字化、可视化**。因为有了互联网，任何东西都可以记录到网上，而将所有用户的行为数字化，并尽可能地将数字精准化，便可通过分析数字，了解用户的体验习惯，也能更好地服务用户，这对于开展企业工作是非常有用的。

c．**数字化平台的有效使用**。互联网仅仅只是一个载体，对于普通企业运营而言，必须有工具才行，因此多去学着利用网络上的数字化平台和应用就是一种趋势。但如果仍是那种浅层次利用数字的水平，是远远无法达到数字化营销中的高水平境界。

d．**培养专业化的数字使用人才**。任何关于互联网上的数字化应用和平台都是需要学习的，而深入学习就需要有专业人才，挖掘数字人才是很有用的，然而目前相对应的人才缺口却很大。

e. **合理使用数字资源，不要对其过分依赖。** 数字是一种机械、固定化的内容，而在营销工作中，包含着太多个性化变动因素，利用数字化来营销是好事，但不要一味数字化，适当加入人工分析，能够让数字化营销工作开展得更顺利。

### （4）实际案例说明

一家之前从事传统软件外包服务的企业，两年前将企业战略转型升级为基于"钉钉生态"提供 Saas 云服务。仅两年多的时间，这家只有八个人的小团队现如今发展壮大到一百四十人的团队。为何他们发展得如此迅速？经研究发现，他们就是使用了数字化经营模式。我对这家企业的成功原因做了简单的分解。

a. **商业模式升级。** 由之前卖软件调整升级为卖 Saas 云服务，按年收取会员服务费，且多种子产品组合方式，收费模式多种多样。

b. **重新定位市场。** 由之前主要为大型集团企业提供软件外包服务调整升级为中小企业提供 Saas 云服务，我们国家中小企业两千多万家，市场需求量很大，属于千亿级市场。

c. **营销渠道选择。** 由之前主要靠老板一个人做项目养活团队调整升级为入驻钉钉应用市场，利用钉钉八百万家中小企业的流量快速变现。选择入驻钉钉应用市场，降低了营销成本，提升了客户覆盖率及触达率，同时有了钉钉品牌做背书，提升了客户的信任度，加速了客户的成交量增长。在整个钉钉服务商体系中，也实现了共创共享共赢的模式。

d. **深度挖掘客户需求**。如果把云服务数据定义为大后台，钉钉是中台，那么钉钉上的应用就是前台。大后台会实时采集用户行为数据做深度分析，得出用户需求画像后给到中台，由中台进行需求分配。中台的任务就是把客户的需求跟运营服务商高度匹配，及时了解需求，及时匹配需求，满足需求。而这家企业每天可以享有来自钉钉的两百多家潜在意向客户，每天只需要做好这两百多家意向客户的跟进、成交和维护就可以了。

e. **组织架构调整**。公司成立网络宣传部门，加大对公司品牌的宣传、曝光力度，同时成立数据分析中心，每天分享客户的使用行为，通过行为数据来分析客户的真实需求以及潜在的需求。在此基础上公司还专门成立了业绩增长部门，主要负责渠道运营以及客户运营，提升客户转化率及续费率。

f. **团队能力培养**。对于销售团队而言，无须大力提升开发陌生客户的能力，甚至说不需要这项技能，但针对意向客户的跟进及促单、签单能力，快速成交能力，要求相对比较高，尤其是要提升电话成交能力和网络成交能力。

由此可见，不管是组织结构，还是市场策略，甚至是组织运营管理，其实都是为了战略服务的。数字化的目的，其实就是给决策者更好、更快地提供科学决策的依据，降低成本，提高效率及效益。

第四章

# 团队要经营

# 1. 团队要配合

[敬天爱人，行善利他]

队友之间彼此信任，相互欣赏，懂得换位思考，并且愿意主动付出，何愁团队没有协同作战的能力。再加上互助互学的"师徒制"培养模式，像成就自己一样去成就渠道代理商和合作伙伴，何愁渠道代理商不真诚、不全力以赴，团队没有高绩效。

当今社会，个人英雄主义已经过时了，个人的作用逐渐被淡化，团队的力量开始得到推崇。事实也确实如此，当事情变得复杂多变且完全不可控的时候，单凭一个人的力量很难完成目标，这时候就需要所有人团结起来，共同面对困难，面对挑战，一起完成任务。

纵观历史，但凡有所作为的人，没有一个是孤胆英雄，他们从一开始谋事的时候就组建了团队。当然，他们**组建团队的时候会充分调查、了解每一位团队人员的家庭背景、教育程度、成长环境、专业特长、性格特征、兴趣爱好、思维方式以及价值观**。之所以要这么精挑细选，目的只有一个，那就是尽可能地寻找志同道合之人，这样大家在一起工作的时候就能够同心同德，互帮互助。

关于如何打造一支高绩效团队，蒙牛集团董事长牛根生说过这么一句话：**企业必须组织团队学习，团队成员只有学相同，才能思相近。思相近，才能言相和。言相和，才能行相辅。行相辅，才能利双赢。利双赢，才能合长久。**如何才能充分调动团队所有人的工作积极性，让大家高效协同，提升团队的整体绩效呢？这个问题说难确实难，说容易也容易。如果说有什么比较好的方法的话，我总结了以下五点经验，供大家参考。

## （1）学会换位思考

要有同理心，学会站在他人的角度思考问题，而不要事事都从自己的角度考虑。想想别人为什么要这么做，其中的道理是什么，背后的原因是什么。

举个例子，在实际工作中，销售人员和产品人员还有技术人员，这三者之间，永远是一个矛盾综合体。销售人员习惯性地把客户的需求描绘得很美好且承诺客户都可以实现，到了产品人员这里，说销售人员提供的部分需求不清晰，业务逻辑不完整，无法进行产品设计。销售人员好不容易把产品人员和客户人员组织在一起开会讨论、确认，达成共识后设计出产品原型，可技术人员又有话说了，说产品设计得很好，但技术实现难度大，开发周期长且成本高。

要知道，如果团队中的每个人都只考虑自己，不能换位思考的话，就会出现来回踢皮球的现象，导致工作效率低下，且内部不团结。关于解决不会换位思考的问题，我的经验是：

在公司内部组织团队培训，邀请产品部门和技术部门的同事，给销售人员讲解有关的产品和技术知识，让销售人员与客户沟通需求的时候更加专业且能够把控风险。

销售人员也要多邀请产品部门和技术部门的同事一同拜访客户，让产品部门和技术部门的同事实际感受一下市场，了解一下真实的客户需求和激烈的市场竞争情况。大家都换位参与体验一下不同岗位的工作，才能让团队人员彼此尊重他人的工作，理解他人工作的难处，并全力以赴地配合他人的工作。

**在一个团队中，彼此之间越是懂得换位思考，团队的向心力、凝聚力就会越强，战斗力也会倍增。**

### （2）做最好的自己

在团队合作中，最起码的事情就是要把自己应该做的事情做好，因为整个团队的任务是有分工的，分配给自己的任务要无条件的、不折不扣的、保质保量的按时完成。只有这样，才不会给团队拖后腿，在保证完成好自己工作的前提下，再去想办法帮助他人。如果自己的事情都没有做好，却去操心他人的事情，就有点主次、轻重不分了。

在实际工作中，我们经常会遇到手头上的工作任务还没有完成，又被临时安排别的工作任务了，解决这个问题最常见的办法就是加班。为了避免这种无序的工作计划，更好地提升工作效率，我一般把工作时间分为三个部分：第一部分就是要保质保量按时完成现有工作的时间，第二部分就是要腾出来处理临时突发事情的时间，第三部分就是要留出来及时纠错的时间。

**我们要学会善于利用时间，把头脑最清醒、思路最清晰的那段时间留给自己最重要的工作任务，因为这个时间段的工作效率是最高的。** 每个人都要找到一天当中自己的这个时间点，这对高效地完成工作非常的重要。做最好的自己，首先从科学合理地利用好自己的时间开始。

### （3）信任自己的队友

身为团队的一员，我们要充分相信自己的伙伴，相信大家能够与我们高效协同，相信大家会理解我们，支持我们。一个团队，只有在相互信任的氛围中才有可能高效工作，如果大家彼此之间互相猜忌、互不信任，那么不管我们的工作任务分得有多细，如何责任到人，也很难真正执行到位，因为总有一些工作任务是需要依赖于其他的工作任务才能够完成的。钩心斗角的工作气氛，会导致每一个人都不能全心投入到工作当中去，更不利于团队人员工作能力的发挥。

这就好比上战场杀敌，我们是否愿意把我们的后背交给我们的战友，同理，我们的战友是否愿意把他们的后背交给我们。只有彼此充分相信对方，才能在战争中发挥出团队协同作战的效果。当年抗日战争的时候，国军为了保存自己的实力，一枪未放直接把东北三省拱手让给日本人，才有了后来的节节败退，退守南京，最后退守重庆，根本原因在于当时各路军阀都为了保存自己的实力，谁也不想牺牲自己，更不相信他人。

大到一个国家一个民族，小到一个企业一个团队，**只有懂得相互信任、**

**相互尊重、相互欣赏，才能够赢得战争，赢得市场竞争**。当然，要想真正做到相互信任，公平合理的薪酬制度设计和透明化的过程管理都很重要。

### （4）主动付出，勇于承担

喜欢主动付出，总是一件好事。多付出一些，可以让团队的工作进展加快，自己能够得到公司和团队更多的认可，自身能力也会不断提高，何乐而不为呢？当然，也不是付出得越多越好，他人需要帮助或正在寻求帮助的时候，可以主动帮一把。

但在某些工作氛围不好的公司里，主动帮助他人不但不能得到表扬，还会被某些人冷嘲热讽或说三道四，他们要么说你傻，要么说你装，要么说你真会拍马屁。

可我一直觉得，不管出于什么目的，愿意主动帮助他人总比不愿意帮助别人要好。公司要想有一个良好的氛围，团队之间就要形成一个愿意主动承担，多付出，不计较的团队文化。

从公司领导层全局角度讲：**每一个团队的核心，都应该有一位承担核心领导作用的人**。这位核心领导人，不是指从事具体某一事务的负责人，而是一个从全局角度把握整个团队方向的领导人。这位领导人的核心作用是让团队的决策更加明快、效率更高。当然，领导人不能独裁，但是一定要果断且懂得协调团队成员间的关系。

这一点，华为做得特别好。任正非曾多次强调在工作中要勇于付出，这一点深深地影响了每一位华为员工。一位在华为工作过许久的老友，就曾向我慷慨陈词到："**以奋斗者为本，付出不亚于任何人的努力，持续为**

顾客创造价值，多为团队、为公司、为客户付出，这是每一位华为人工作的本分。"

"本分"二字，让我听到、看到华为人身上的这骨子干劲，也感受到了华为人身上的骄傲和自豪。让他人变得更加成功，自己才能更加优秀。

## （5）团队分工协作

明确的分工可以让每一位团队成员清楚地知道自己要做什么，什么时候做完，做到什么程度，这样就能够避免由于分工不明确而造成部分人员闲置的问题。

高效的协作可以提升团队的绩效，通过发扬团队协作精神，加强团队协作建设，进一步节省内耗。如果总是把时间花在责任怎样界定，应该找谁处理，让客户、员工团团转，就会减弱企业成员的亲和力，损伤企业的凝聚力。

高效的协作可以保证企业目标的实现，企业目标的实现需要每一位员工的努力。具有团队协作精神的团队十分尊重员工的个性，重视员工的不同想法，合理激发员工潜能，真正使每一位员工参与到团队工作中，风险共担，利益共享，相互配合，完成团队工作目标。

**明确的分工、高效的协作，有利于推动企业的创新。** 人是各种资源中唯一具有主观能动性的资源，企业的发展必须合理配置人、财、物，而调动人的积极性和创造性是资源配置的核心，团队分工、协作就是要将人的智慧、能力、经验等资源进行合理的调配，使之产生最大的规模效益，达到"1+1>2"的效果。

团队有清晰的战略目标，有核心的领导人，有透明化的、人性化的管理理念，有科学合理的激励政策，有互助互学的"师徒制"培养模式，有坚定不移地执行能力，有开放包容的团队文化，何愁没有高绩效。


**案例：协同代理商拜访客户，成交客户**

乘坐绿皮火车，历经两个多小时，我终于晃晃悠悠地从合肥赶到芜湖。初见温总（芜湖代理商），倍感亲切。温总简单寒暄几句后直奔主题，向我们介绍今天即将拜访的三家客户的详细情况。

第一家：早上9：00—10：00拜访，这家企业属于汽车制造行业，在芜湖当地属于大型集团企业，有好几千员工，对于数字化和智能制造建设比较认可，在这方面的设备／人才投入都非常大，此次参会的有他们IT信息部的总监，人力资源部副部长及另外两位同事。

第二家：早上10：30—11：30拜访，这家企业属于塑料制造行业，企业规模也不小，近两千名员工，但互联网信息化建设相对比较落后，此次我们拜访的是他们IT信息部负责人。

第三家：下午13：30—15：30拜访，这家企业属于汽车零配件生产加工制造行业，企业规模一般，五百人左右，但对于智能制造和数字信息化建设非常认可，已经引进了两条全智能的生产流水线，想通过两至三年的时间打造出无人车间，参会的有三十人左右，各部门的负责人及优秀骨干员工都会参加，公司总经理也有可能参加。

温总一边开车一边不停地介绍三家客户的情况，我打开电脑（销售工具百宝箱），跟着温总的节奏快速检索相关行业的方案资料，结合这三家客户的实际情况立即修改及调整相关内容。

**a. 拜访第一家客户。**

按照常规的思路先做自我介绍、了解客户需求、演示产品、分享成功案例及实施服务流程。整个沟通的过程还是不错的，客户也展现出了兴趣，表示他们之前也了解过其他同行产品，但公司目前还没有想好要不要做、要怎么做。见完客户后，我跟温总说，针对这个客户，我初步的判断是客户有产品需求，且一定会投入使用，只是时间节点目前无法确认，我建议接下来分四步跟进。

第一步：我结合跟客户沟通的情况，当天写出一个可行性上报方案给温总，温总可在第二天上午与客户的 IT 总监和 HR 副部长沟通，提醒他们可以把这个可行性方案结合企业自身的特点修改后汇报给公司领导。

第二步：邀请客户小范围试用产品。试用前切记一点：用心服务客户，尤其做好产品培训。试用时间不要太长，半个月比较好，最长不要超过一个月。时间越紧迫客户体验的效果会越好。

第三步：结合客户真实的体验数据写一份总结分析报表，第一时间交给客户的 IT 总监和 HR 副部长，期间可以上门两至三次，多问客户实施过程的感受，通过问题多了解真实的需求，同时加深一下商务关系。

第四步：在客户体验完产品后，通过 IT 总监和 HR 副部长约客户的高层领导做一次详细深入的项目汇报，一旦邀约成功，就会有 80% 的成交概率。

补充说明：做项目不能急于求成，更不能急功近利，我们只要按照自己的节奏来，把客户当朋友，真心实意地为客户做好服务，让客户看到实实

162

在在的效果，看到价值，合作只是时间问题。

**b. 拜访第二家客户。**

约好的 IT 信息部总监临时有会，没有办法接待我们，另安排了一位人力资源部经理来跟我们对接。在会议开始时我先向这位经理表示了歉意，因为耽误了她的工作时间，并保证会将时间控制在半个小时左右。另外，为能有缘相见表示了感激。

就这样我们开始了简短的交流，在我讲解 PPT 及同事小张演示产品的二十五分钟里，这位人力资源部经理有十五分钟一直在低头玩手机，最后五分钟的时间也没聊出什么实质性的内容，听到的都是她对公司的抱怨，对我们产品的质疑和否定，说自己来公司时间不长，很多事情推动起来相当费劲等等。

从客户那里出来后温总说了一句非常经典的话，他说这位经理已经四十来岁了，连最起码的尊重人都还没有学会，最重要的是对于新鲜事物一点好奇心都没有，不是拒绝就是质疑，这样的思维岂能有前途。

我在温总的基础上补充了一句，我说或许人家刚才真的很忙，忙着找工作，所以才不愿意搭理我们（我看大家情绪不是太好，调节一下气氛）。

**我说，简单的事情简单处理，这个客户，后期的跟进思路比较简单。**

第一步：小张负责完善刚才交流过程中做的笔记，并将其交给温总。温总第二天早上把会议笔记给这位人力资源部经理，同时发给未参会的 IT 总监。

第二步：通过 IT 总监详细了解参会的这位人力资源部经理的相关背景，并尝试看是否可以不通过她直接跟人力资源部总监沟通。

第三步：必须找到新的对接人及决策者，不然就只能等着这位人力资源部经理离职。这个项目暂时不要抱太大的希望，平时做好项目跟进维护即可。

**c. 拜访第三家客户。**

在拜访第三家客户时，我们比约定的时间早到了五分钟。但当我们走进会议室时，却差点被客户方的阵势吓到，因为此时会议室里已坐满了人，少说也有三十几个。当下我便深刻感受到了这家企业守时守信的团队精神，同时也本能地察觉到此次会议可能另有目的。

五分钟后我才知道，温总给这家企业推荐了另外一款产品（和我们的产品互补），今天过来是给他们做产品操作培训的。温总尽情地讲了半个多小时，我认真地听了半个多小时，期间还简单做了点笔记，温总讲得非常好，逻辑严谨，思路清晰。在温总即将结束培训的时候，把我们推荐了出来，给了我们介绍产品的机会。

我们立即决定，略过详细但耗时的 PPT 产品介绍部分，直接进行产品演示。在我们演示产品的过程中，陆续有人离开会议室，但 IT 信息部总监及人力资源部总监一直都在认真听，且人力资源部总监比较认可，还提了几个小问题。

整体介绍下来，我觉得效果很一般。此时温总起身走到我身边对我说："陈老师，如果你们不赶时间的话，我想再等一会，等他们总经理开完会后，你跟他们总经理再好好聊聊。"

我说只要能够直接与总经理沟通，时间不是问题，等两个小时也可以等。半个小时后总经理真的来会议室了，给了我机会。

我跟这位姓杨的总经理交换名片后打开准备好的PPT，用了十五分钟快速地讲解了一遍，我看这位总经理听得很认真且做了笔记，还向我提了几个问题。

最后杨总对我们的产品表示了肯定，并问了产品的价格及收费模式。我结合这家企业的人员规模在市场价的基础上打了一个八折报给杨总（打八折的原因，一是杨总有决策权，二是我对其为人的敬佩）。杨总说产品的价格也不贵，合作细节让我们跟人力资源部总监谈，并说一会还有点事情，起身后跟我们握手告别。

根据我的经验判定，接下来我们只要做好三件事，这个客户当月便可成交。

第一件：尽快给客户开通测试账号，多邀请一些人参与产品体验，尽快给他们做一个产品培训，最好是上门培训。

第二件：等测试数据出来后，做一个测试总结分析，连同报价方案、项目实施方案一同给到人力资源部总监刘总。

第三件：用心做好服务，真正为顾客持续创造价值，咱们不能干只成交不服务的事情。如果真是这样，咱们企业走不长远，我们自己也做不好。

我一直以"善心做人，爱心交友，利他之心做事，付出不亚于任何人的努力"严格要求自己，要说销售有技巧，或许就是这句话了。

如果你既能协助代理商提升销售业绩，又能帮助代理商分析经营现状并给出更好的指导，我想代理商不想把你当朋友都不行。团队亦是如此，只要你足够真诚，足够勤奋，足够专业，足够专注且足够坚持，并且始终保持一颗成就他人之心，何愁经营不好团队，何愁没有好的业绩。

# 2. 团队要激励

[重赏之下，必有勇夫]

要想真正带好一个业务团队，作为团队领导者的你，不能只把激励看成一种临时提升团队业绩的手段，而是要把激励放在一个战略高度，作为一种企业文化塑造与培养。因为只有这样，才有可能让激励潜移默化，让团队拥有持续的战斗力。

作为一名业务团队的领导者，要想自己所领导的团队保持奋斗的激情，拥有旺盛的战斗力，需要学会激活团队，激活每一个人的工作积极性。其中，激励手段必不可少。激励可以分为正负两个方面：正面激励可以提高团队成员的工作积极性，提升优秀员工的成就感和荣誉感，不断为企业创造更好的业绩；而负面激励正好相反，主要针对犯错误，业绩指标未完成，给公司造成重大负面影响的员工，也就是我们常说的"惩罚"。

激励，激在前，励在后。激，是为了激发员工的兴趣，更好地完成既定的目标。励，是为了奖励完成此目标做出卓越贡献的团队和个人。

每位业务团队的领导者，在实际的业务管理过程中或多或少都采用过激励政策，只是有时在激励的实施过程中，以及激励的实施结果上做得不是特别好，导致没有达到预期的效果和目的，其原因很可能是设计的激励政策无效，或者是没有有效的执行。我们要承认的就是每个员工的不同阶段，都有不同的需求，员工激励是复杂的、长期的、动态的过程，不存在简单粗暴，一劳永逸的办法。

## （1）如何进行有效激励设计，七个具体方法供你参考

a．**分析需求，提出假设**。公司领导需要不断询问并探求员工真正需要的是什么：他们嘴上说的是他们真正的需求吗？领导层自以为的员工需求真的符合员工的实际需求吗？分析员工实际的而不是公司领导单方面认为的需求，做到激励设计围绕员工的实际需求展开。

b．**结果导向，分析成本**。计算满足员工的需求需要多少成本，满足之后能够产生多大的收益时，需要明白一点：并不是每一个人都值得去激励，正是因为人的不同让公司在有限的成本下有了取舍。无论对人还是对事，领导者的眼光始终不应离开成本和收益，所以，随着员工能够创造价值的变化，投入的激励成本也应随之变化。

c．**政策宣贯，准确及时**。既然激励政策已经实施，那么有任何变动就要提前告知员工。有的公司等到激励活动结束后才通知员工说这种情况不符合激励政策要求、那种情况也不符合激励政策规定，或者激励的时间临时变动又不提前通知，导致激励效果大打折扣，影响员工对公司和领导者的信任感。

**d. 给出建议，教会方法。** 在宣布激励政策的同时，一定要让员工明白如何做才能更好地拿到激励，更好地达成目标。团队领导者应根据激励的形式以及过往的经验，给出合理的建议，让员工更加有信心，有干劲。

**e. 科学合理，公正公平。** 激励政策必须公开宣导，力争激励的形式公正、公平，避免让员工觉得能得到奖励的只有那几个人，拿不到的怎么努力也拿不到。我曾碰到过一个有趣的企业员工激励政策：所有抽奖活动中，一旦是管理层抽中，中奖者须放双倍奖品到奖品池中，供员工继续抽奖。这样的政策就直接打消了员工对内幕问题的疑虑和顾虑。

**f. 提前预热，把握火候。** 在宣导激励政策之前，应当充分调动员工的主动性和积极性，让员工充满期待。或许你要问我这样做会不会造成"期望越大失望越大"的情况，其实这个大可不必担心。当然，主要还得看宣导者如何看待，如何去做正面的引导。总之，引导的目的只有一个，就是激发员工争强好胜的动力和欲望。

**g. 关注反馈，持续改进。** 不要忘了，我们对于员工的需求本身就是假设的，而不是结论，所以必然会存在员工对激励的反馈出乎我们意料的情况，经常会出现钱已经花了，但激励的效果却没有达到预期的问题，有种费钱不讨好的感觉。作为业务团队领导者，这个时候不要轻言放弃，只有在员工激励的过程中，收集反馈，吸取教训，修正假设，改进方法，才能不断提高团队激励的水平，提升团队绩效。

正面激励主要分为精神激励和物质激励，精神激励主要有以下几种：榜样激励、目标激励、晋升激励、荣誉激励、数据激励、成就激励、信任激励、情感激励、培训激励等；而物质激励比较简单直接，主流的就是加薪、奖金以及福利、期权股权计划等。正面的激励可以让员工感受到尊重、关怀、赞赏、肯定和信任。

负面的激励都是不到万不得已、不得不用的激励，可往往有时候也能起到意想不到的效果。负面激励往往有以下几种形式。批评，做错事就得批评，但是要注意批评的场合和形式，有这么一句话，我认为说得比较到位："扬善于公堂，规过于私室。"降薪或降职，一般是因为员工犯了比较严重的过错，业绩目标与实际达成在某一段时间内相差甚远，才会采取的措施。淘汰，这是最后没有办法的办法了，要么是犯了极其严重的错误，要么就是真阿斗——烂泥扶不上墙。负面激励有几个原则：事前告知，公平公正，顾及颜面，实时惩戒，适可而止。

## （2）如何进行有效激励执行，经典八招供你参考

**第一招**：**目标激励**。所谓目标激励，就是把团队整体的、每一名员工的大、中、小和远、中、近的业绩目标和预期收益相结合，使每一名员工在实际的工作中把自己的付出、收益与这些业绩目标紧紧联系起来。目标激励过程包括目标的设立、目标的实施、目标的检查和完成目标后的奖励四个阶段。在制订目标时必须注意，要根据团队的实际业务情况来制订可行的目标。一个振奋人心、切实可行的目标，可以起到鼓舞士气、激励员工的作用。相反，那些可望而不可即或既不可望又不可即的目标，则会产生适得其反的作用。作为业务团队的领导者，可以和团队及个人共同协商并制订年度、半年度、季度、月度、每日的业务目标任务，并定期检查，

使其朝着各自的目标去努力、拼搏。人人都努力向上，团队的战斗力必然也会节节高升的。

**第二招：数据激励**。采用数据大屏动态显示业绩和排名的方式，能够更加有力地激励员工的进取心。对能够定量显示的各种指标，要进行定量考核，并公布考核、奖惩的结果，这样可以使员工明确自己的差距，有紧迫感，掉队的会迎头赶上，领先的为了继续保持自己领先的位置，也会加快前进的步伐。数据激励，是为了在公司内部团队人员之间营造一个较好的竞争氛围，增强团队的战斗力。

**第三招：榜样激励**。榜样激励是指团队领导者选择在实现目标中做法先进、成绩突出的组织或个体，加以肯定和表扬，要求大家向其学习，从而激发团体成员积极性的方法。我们常说，榜样是一种推动进步的力量，是一面鼓舞斗志的旗帜，是一座指引方向的灯塔，榜样的力量是无穷的，使人学有方向、赶有目标，起到巨大的激励作用。领导者在团体内选择的榜样，应该是成绩突出、品德高尚、作风正派的成员。

运用榜样激励法：首先要树立榜样；其次要对榜样的事迹广为宣传；再次是给榜样以明显的使人羡慕的奖酬，这些奖酬中当然包括物质奖励，但更重要的是无形的受人尊敬的奖励和待遇，这样才能提高榜样的效用，使团队成员学习榜样的动力增加。

**第四招：晋升激励**。顾名思义就是团队领导者将员工从低一级的职位提升到新的更高的职务，同时赋予与新职务一致的责、权、利的过程。晋升是企业的一种重要的激励措施，企业职务晋升制度有两大功能：一是选拔优秀人才，二是激励现有员工的工作积极性。企业从内部提拔优秀的员工到更高、更重要的岗位上，对员工或对企业发展都有重要意义。

晋升所需三个标准：首先是岗位的任职资格要求，包括学历、专业、专业年限、同行年限、同等职务年限等；其次是岗位的能力要求，即适应这一岗位所需要具备的能力；再次是绩效要求，即晋升这一岗位所需达到的绩效标准。

**第五招：股权激励。**股权激励是一种通过经营者获得公司股权形式给予企业经营者一定的经济权利，使他们能够以股东的身份参与企业决策、分享利润、承担风险，从而勤勉尽责地为公司的长期发展服务的一种激励方法。激励模式是股权激励的核心问题，直接决定了激励的效用。股权激励是为了激励员工，平衡企业的长期目标和短期目标，特别是关注企业的长期发展和战略目标的实现，因此，确定激励对象必须以企业战略目标为导向，即选择对企业战略最具有价值的人员。股权激励的行权一定与业绩挂钩，其中一个是企业的整体业绩条件，另一个是个人业绩考核指标。

**第六招：信任激励。**信任激励是一种基本的激励方式，上下级之间的相互理解和信任是一种强大的精神力量。它有助于企业人与人之间的和谐共振，有助于单位团队精神和凝聚力的形成。对员工的信任主要体现在平等待人，尊重下属的劳动、职权和意见上，体现在"用人不疑，疑人不用"上，表现在放手使用上，充分授权，对员工是信赖和尊重。刘备"三顾茅庐"力请诸葛亮，显出一个"诚"字；魏征直言上谏，得益于唐太宗的一个"信"字。这都体现了他们对人才的充分信任。信任可以缩短员工与领导者之间的距离，使员工充分发挥主观能动性，使企业发展获得强大的原动力。信任与充分授权的前提是业绩和制度必须有保障，二者缺一不可，且必须严格遵守。

第七招：**情感激励**。情感激励就是通过强化感情交流沟通，协调领导与员工的关系，让员工获得感情上的满足，激发员工工作积极性的一种激励方式。在具体的操作过程中可谓是"因企而异"，可以通过增加和员工之间的对话，提高员工在企业管理过程中的参与程度等来完成这个项目。为强化感情激励，团队领导必须深入一线、深入员工，交流思想，沟通感情，增进彼此的理解和信任。在尊重和信任员工的基础上，领导还要关心支持员工。要时刻关注员工的工作和生活，积极为他们办实事、做好事、解难事，大力支持、鼓励和帮助员工做好日常工作。

第八招：**荣誉激励**。荣誉激励是一种终极的激励手段，主要是把工作成绩与晋级、提升、选模范、评先进联系起来，以一定的形式或名义标定下来，主要的方法是表扬、奖励、经验介绍等。荣誉可以成为不断鞭策荣誉获得者保持和发扬成绩的力量，还可以对其他人产生感召力，激发比、学、赶、超的动力，从而产生较好的激励效果。

**如何进行荣誉激励？有以下几点要求**：

a. 满足员工的自尊需要；

b. 对员工的贡献公开表示承认；

c. 不要吝啬头衔和名号。

**荣誉激励的具体措施有**：

a. 开展优秀员工的评比活动；

b. 给予员工非业绩性竞争荣誉；

c. 颁发内部证书或聘书；

d. 借助荣誉墙和企业年鉴来激励员工；

e. 以员工的名字命名某项事物；

f. 进行奖励旅游；

g. 对后进员工进行荣誉激励。

总之，不管是马斯洛的需求理论、赫兹伯格的双因素理论，还是亚当斯的公平理论、弗洛姆的期望理论，其结论无外乎是想表达如何设计一套切实可行的方案来满足人性的需求。可现实中，到底给员工多少钱才算是满足生理需求，如何制订制度算是满足安全需求，怎么组织活动才能满足归宿和爱的需求，保健因素如果无法消除员工的不满情绪该怎么办，公平的方式找不到人才、留不住人才该怎么办，老板们天天都在给员工画饼，员工不相信了该怎么办。这些都需要更现实的考量。

其实，任何理论都有它的两面性，作为业务团队的领导者，我们设计激励政策的时候要遵循一定的激励理论，但更重要的是结合团队的实际情况，只要是能够提升团队战斗力、提升团队绩效的，就是适合企业的，就是好的激励方法。

## （3）三个科学有效的员工股权激励的经典案例

**案例一：商鞅变法。**

商鞅，战国时期的政治家、改革家、思想家，法家代表人物，最出名的事迹就是"商鞅变法"。商鞅变法的内容大致有以下四点：

a. 废井田，开阡陌，奖励耕织，重农抑商；

b. 废除世袭世禄，奖励军功，颁布按军功赏赐的二十等级制度；

c. 实行连坐法，改革户籍；

d. 燔诗书而明法令。

对于士兵来说与他们有关的当然是第二条中的奖励军功了。话说当时法令规定"二十等爵"的军功制度，按斩首的数目来定义军功，一个秦兵如果斩首两个敌人首级，他的父母和妻子之前如果是囚犯可以成为自由人，如果是奴隶可以成为平民。军功可以世袭，父亲死在战场上，军功记在儿子身上，福利待遇累积，一人获得军功，全家都跟着"鸡犬升天"。

秦国的国策是奖励军功，他们对秦兵的奖励也十分细致到位。军中有爵位高低，爵位代表在军中的阶层，根据爵位的不同伙食也不同，普通士兵不管饱，只吃粗米，有爵位的能吃一盘菜。所以士兵为了有口饭吃也会拼命打仗，毕竟重赏之下必有勇夫。

正所谓"天下熙熙，皆为利来；天下攘攘，皆为利往"。有了这种军功制度，秦国士兵变得渴望战争，变得不怕死，因为就算死了自己的军功也可以叠加到家人的身上，全国实行"耕战"政策，农民种地是为了打仗所需要的后勤军粮补给，打仗是为了获得更多的土地，就这样，整个秦国都笼罩在杀伐攻战的肃杀气氛之中，成了让六国胆寒的战争机器。秦军的敌人为何称其为虎狼之师？因为他们在战场上，看到尚武的秦军士兵打仗完全不要命，他们甚至赤膊上阵，以嗜杀血腥的气势砍下敌人的头颅，挂在腰间继续厮杀。

商鞅变法的第二条奖励军功中用砍下敌人的头颅可以获得土地的规定来激活士兵的战斗力，用现代的商业术语即可称之为员工股权激励。

174

**案例二**：山西晋商票号业股权激励。

早在 19 世纪 20 年代，中国就已初步形成较为完善的股权激励制度，如晋商首创的山西票号的身股制。身股制等级层次分明、体系完整，从一厘到十厘有十个等级。这对于已有身股和没有顶上身股的员工来说，都具有极大的吸引力和诱惑力。员工为了多顶身股、登高位，无不努力工作。份额是根据业绩或贡献大小来决定提升的幅度。如果业绩不佳，就会原地踏步甚至减少份额。掌柜的身股数量由东家确定，伙计的身股数量每年按劳绩由东家和掌柜共同决定。身股制把东家、商号和员工三者的利益有机结合，充分调动了大家的积极性。

晋商山西票号的身股制，其设计的核心在于抓住了人追求"利"和"名"最基本的需求，以"利益共享"为核心，让人能实现"名利双收"为依归，真正破解了"为谁干"的激励难题，变"为别人干"为"为自己干"。

**案例三**：华为的股权激励。

截至 2018 年 12 月 31 日，华为员工持股计划参与人数达 96 768 人，华为有 18 万员工，参与股权激励的员工人数超过 50%，华为创始人任正非持股降至 1.14%。数据表明华为并不是全员持股，而是需要符合相应的条件，比如入职时间、绩效表现、忠诚度等。华为还成立了持股员工代表会，持股员工代表会由 115 名持股员工代表组成，代表全体 96 768 名持股员工行使有关权利。

华为的股权激励的演变历程（实股—虚拟股—虚拟股 +TUP）如下。

早期（1990—1997 年），华为公司缺资金、员工缺投资渠道，对股权不了解，华为用实体股权激励获得内部融资，解决资金困难，也留住了员工、激发了动力。

中期（1998—2012 年），员工对华为公司有一定信任，股权激励逐步由实体股转为虚拟股，扩大股权激励规模，帮助员工申请银行贷款，公司获得大额资金支持，员工获得丰厚收益，华为业绩迅猛发展。

近期（2013 年起至今），公司资金充裕，逐步推出 TUP 计划（时间单元计划），给员工分利，给公司留权，为未来发展留下空间。

TUP 计划实施框架：每年根据员工岗位及级别、绩效，分配一定数量的 5 年期权，员工不需花钱购买，可获得相应的分红权和增值权，5 年后清零。举例：2014 年，某员工获得期权 5000 股，当期股票价值为 5.42；2015 年，可以获取 5000×1/3 分红权；2016 年，可以获取 5000×2/3 分红权；2017 年，可以获取 5000 股的全额分红权；2018 年，可以获取全额分红权，同时对 2014 年的期权结算，如果 2018 年股票价值为 6.42，则第五年获取的回报是 [2018 年分红+5000×(6.42-5.42)]，同时这 5000 股期权进行清零。

一套好的激励制度和模式，无论是在古代，还是在今天，其核心要能根本体现"共创、共担、共享"的"三共"精神，并将员工和公司形成利益、事业的命运共同体。股权激励，成为现代企业留住人才、吸引人才、约束经管者短视行为、激发团队战斗力的有力武器。

# 3. 团队要赋能

[培养战神，教练先行]

团队要赋能，首先要有一位非常优秀的团队领导者，这位领导者必须承担团队教练的职能，负责在项目实战中提升团队的作战能力；其次还得有完善的人才培养体系。阿里巴巴集团的中供铁军体系建设，很多地方值得大家好好学习借鉴。

销售团队的赋能有别于其他职能部门团队的赋能，好的销售团队就像一群饥饿的狼，不好的销售团队就像一群慵懒的羊，在培养销售团队方面有着多年实战经验的我，分享一下如何培养出一支战斗力极强的销售队伍。

## （1）要有一位优秀的领导者（教练）

作为销售团队的领导者（教练），对自己应该有更加严格的要求，老话说得好：身先足以率人，律己足以服人，轻财足以聚人，量宽足以得人，得人心者得天下。销售团队的能力强不强、业绩好不好，很大程度上取决于这位团队的领导者（教练）。想要成为一名好的销售团队领导者（教练），必须具备以下四项基本能力。

a. **言必信，行必果。**要想培养出优秀的销售队伍，首先需要打造团队的执行力，只有强大的执行力才能顺利地完成公司下达的每一个销售目标。在平时的工作中，身为领导者（教练）一定要对自己说过的话和做过的事情负责，不能早晨开会的时候刚定下来的制度，到下午就变了。朝令夕改是做领导（教练）的大忌。只有军令如山，奖罚分明，敢于担当，团队才有执行力和战斗力。

b. **有激情，有热情。**永远保持饱满的热情和激情可能不太现实，任何人都有情绪低落，状态不佳的时候，但作为销售团队的领导（教练）就要时刻调整好自己的状态，因为团队中的人都在看着你，你的状态将直接影响团队所有人的状态。在冲锋业绩的路上需要永远保持积极乐观的心态和奋斗不息的精神状态，即便你很累，但在团队面前你也要表现得有激情有热情。

c. **会选人，会用人。**作为销售团队的领导者（教练），要想让大家能拧成一股绳去协同作战，先要学会选人。选人也有一定的技巧，一要看有没有眼缘，二要看能不能聊到一起，三要看"三观"是否趋同。如果三个条件都满足，同时又充满激情、充满正能量，这样的人才可以加入到销售队伍，不然只会给你拖后腿，不可能帮你冲锋陷阵。

d. **有目标，懂经营。**作为销售团队的领导者（教练），要会统一思想，明确团队目标。目标好比靶心，是射箭的方向；目标好比船舵，掌控船只行驶的方向。没有明确的目标，人就没了前进的动力，就会像无头苍蝇一样四处乱窜，不知道该做什么不该做什么，也容易失去努力的动力。只有全体销售人员统一思想朝着一个方向努力，才有达成目标的可能性。

作为销售团队的领导者（教练），还要加强团队建设，提升团队凝聚力。一只筷子容易折断，但是十双筷子捆在一起则很难折断，说的就是团结协作的重要性。只有在好的企业文化下、在好的工作氛围中，才能打造出优秀的销售团队，才能更好地发挥出每一位销售人员的能力和潜力，也只有在这样的前提下，团队成员才能共同奋进。如果团队没有凝聚力，各自为战，一盘散沙，都抱着凡事与我无关的念头，那这个团队只可能一事无成。

### （2）要有一套完善的人才培养体系

#### a. 第一步：做好需求调研。

第一，陪同销售人员走访客户，通过现场观察法了解销售人员在整个销售过程中的真实能力表现，如擅长什么技能，存在哪些不足。

第二，采取"问卷＋访谈"的方法针对销售/客服团队从十二个能力维度进行复盘，找到每一项能力的优势与不足，尤其是不足的部分要具体调查清楚原因。

第三，结合销售团队实际的业务情况对市场发展趋势、客户需求、竞争对手进行复盘，由外而内地了解销售团队目前的状态。

需求调研这一步，看似并不复杂，但实际上反映的是销售团队领导者的基本功。如果销售团队领导者的知识储备不够，实战经验不足，不懂教练技术，那就不仅问不对问题，还会找不对问题，更不要说解决办法了。透过现象看本质，抓关键能力问题点，是做好需求调研的核心所在。只有真正了解需求，才能"对症下药，药到病除"。如果销售团队领导者缺乏这方面的技能也没有关系，可以邀请第三方公司辅助完成。

**b.第二步：成立营销大学。**

第一，结合需求调研的结果规划设计销售团队的能力成长体系。

第二，按照业务部门的岗位及业务特征，设计规划整个业务团队培养的教学体系、师资体系、课程体系、运营体系、晋升体系以及薪酬激励体系。

第三，结合实际工作业务梳理、总结复盘及辅导、培训，通过"案情分析＋案例分享"相结合的方式，通过"动态学习＋常态辅导"相结合的方式，营造学习氛围，打造学习型组织。

第四，通过每人每日经典一问，收集并整理实际工作业务当中的百问百答甚至千问千答，作为销售团队、渠道代理商、合作伙伴的培训资料及销售工具。

第五，需要结合公司的战略发展以及业务发展的需求，做好清晰的员工职业成长路径规划。

成立一个营销大学不难，难的是真正把它办好，成为名副其实的人才培养基地，为企业培养能够打大仗、打胜仗的将军。国内的华为大学、海尔大学、淘宝大学等企业大学，经营得都非常不错，能够真正做到人才培养和企业文化融合，和企业战略融合，和业务结合，培养出企业真正需要的人才。

**c.第三步：培养内训师团队。**

知识、经验需要沉淀，能力更加需要传承，一套完善的"师徒制"落地执行方案非常重要。培养内训师团队的目的，就是要用最优秀的人去培养更优秀的人，让内训师成为最光荣的职业，成为优秀员工的向往。内训师团队的培养，是团队赋能中最核心的部分，要把销售团队中业绩好且演讲能力不错的销售精英培养成为内训师，在实际的销售工作中承担起教练的职责，协助团队多成交客户。

### d. 第四步：做好知识经验沉淀。

通用汽车公司前总裁史龙·亚佛德说过："你可以拿走我全部的资产，但是你只要把我的组织人员留给我，五年内我就能够把所有失去的资产赚回来。"宝洁公司前总裁约翰·白波也说："假若你拿走了宝洁的人才，却留下了金钱、厂房和产品，宝洁将会失败；假若你拿走了宝洁的金钱、厂房和产品，留下了人才，宝洁将在十年内重建王国。"这深刻地说明了一个道理：在企业的各种要素和资源中，人才是最宝贵的。

为什么一定要做好知识经验沉淀呢？目的是即便公司部分优秀人才主动离开或被竞争对手高薪挖走，只要给团队两至三年的时间，就可以培养出更加优秀的人才。这就是为什么一定要做好知识经验沉淀的目的，虽然人走了，但知识技能、经验智慧都留下来了，为团队赋能提供了非常实用的学习案例和销售工具。

其一，案例库。不管是成功的案例，还是失败的案例，只要是经典案例，只要对员工有启发，能够提升大家的业务能力，都可以进入公司案例素材库。当然，什么样的案例才可以入库，要有一个详细具体的标准，这样做的目的是为了确保案例的质量。

其二，案情池。特指正在跟进中的意向客户。为什么要建立案情池呢？

一是为了更好的成交客户，二是为了更好地提升项目参与人的能力，通过真实的项目辅导提升团队的能力。经典的案情，等客户有了结果后就可以直接进入案例库。

其三，百问百答。把在整个业务销售过程中遇到的问题进行详细梳理，同时附上对应的解决办法，形成企业内部的"百度问答、知乎问答、悟空问答、脉脉问答"等，时间长了，就会形成一套企业自己的业务知识管理系统，成为业务团队的销售百宝箱。

其四，项目管理。每一个项目，从前期的市场调研、客户分析、竞争对手分析，到中期的产品设计、产品研发、产品测试、产品发布，到后期的市场营销、客户销售以及售后服务等全流程，要有一套非常严谨的、清晰的、标准化的执行方案。

当然，企业知识管理的沉淀，远远不止这四点，要想真正做好，也并非易事，可以参考百度问答、知乎问答、脉脉问答、悟空问答等社群化知识管理的平台，从中学习一些运营的规则和方法，学习这些知识管理平台是如何激活用户的参与度，如何打造意见领袖和知识专家的。

### （3）案例分享：阿里巴巴中供铁军的故事

#### ①中供铁军是什么？

从B2B起家的阿里巴巴，依靠一批吃苦耐劳、任劳任怨的地推团队，培育了中国第一批电商，也培养出一大批阿里高管和明星创业者。聚是一团火，散是满天星，他们就是阿里巴巴的中供铁军。

#### ②中供铁军为什么牛？

因为中供铁军不仅为阿里巴巴打下了江山，而且为互联网行业培养了一大批 CEO 和高管。请看看从阿里巴巴中供铁军走出的行业大咖。

程维，滴滴打车创始人兼 CEO：2005 年进入阿里巴巴旗下 B2B 公司从事销售工作，后因业绩出色晋升，成为当时阿里巴巴最年轻的区域经理。后担任支付宝 B2C 事业部副总经理。2012 年从支付宝离职，创立了小桔科技（滴滴打车）。

干嘉伟，美团网 COO：2000 年 2 月，干嘉伟加入了阿里巴巴，是阿里巴巴第 67 号员工，在阿里巴巴干了十二年，从一线业务员做起，历任网站运营总监、市场总监、区域经理、大区总经理、副总裁等。在王兴六次拜访后，干嘉伟最终于 2011 年 11 月 16 日加入美团。

吕广渝，大众点评 COO：2004 年加入阿里巴巴，参与阿里 B2B 的开疆拓土，历任阿里巴巴大区总经理、集团副总裁，负责 B2B 海内外业务及运营工作，不仅参与推动了阿里一线销售工作，还主导了阿里从直营到代理的整个战略，2015 年加入大众点评担任 COO。

陈国环，赶集网 COO：前阿里巴巴 B2B 事业群渠道部总经理，在阿里巴巴工作十二年，从一线员工做到管理一万多人，是阿里巴巴地推团队"核心中的核心，元老中的元老"。在业务创新、销售管理、市场运营等方面有独到认知，后任赶集网 COO。

张强，去哪儿网 COO：在阿里巴巴工作时几度获得阿里巴巴全国销售冠军，并在阿里巴巴香港上市期间拍摄的阿里价值观"六脉神剑"视频中代表激情。张强 2014 年 1 月 7 日加入去哪儿网，建立精干强大的直销铁军，覆盖上百万旅游目的地地面服务商户。

中供铁军的骁勇善战，让原阿里巴巴系高管将中供铁军模式带入了滴滴打车、美团网、大众点评、赶集网、去哪儿网等国内知名互联网企业。阿里巴巴的中供铁军体系建设，称得上互联网行业的黄埔军校，高级将才的摇篮。

③中供铁军的荣耀源自"铁人三项"。

a. 铁的目标。

阿里中供在贯彻"忠于目标"的时候是怎么做的呢？每到月底，各部门都会把自己下个月的目标写出来，并加以细化。目标会细化到每一个小团队，每一个人，同时告诉大家，目标不是一个部门领导的责任，也不是一个区域经理的责任，而是所有人的责任。目标分到事业部给到区域的时候，区域要分给下面的经理、主管，主管要分给每一个员工。

一旦目标确定下来，从下个月的 1 日开始，这个目标就会一直陪伴你，直到月末最后一天。目标会分解到每一天且会详细写下来，不会是口头的，办公室里面都会贴上专门的板子，你的目标是什么，每过一天你的目标完成了多少，还剩多少。不同的组织，列的对象是不一样的。在区域就列下面各个主管组，各个团队；而在团队里面，就列团队每一个人。

每天早上都有晨会，大家去看这个目标，今天离目标还有多少，你就知道你还差多少，你要做出多少努力。每天晚上回到公司之后，我们再来开会讨论一下目标有没有可能实现，风险点在哪里，目标是时时刻刻印在脑子里的。另外，短信和邮件也是每天跟踪的。每一个人，谁完成了目标，或者谁离目标是最接近的，都会有战报。会有专门的区域销售助理来搜集信息，做战报，每天晚上都会跟进。晚上回到公司，收到邮件，销售看到的一定是这个战报。另外一个是短信，每一个在外面奔波的销售，他的手机每天要收到许多条短信，短信中当然有一些是鼓励的内容，有一些是安抚的内容，同时也会加上×××又成功了，他的目标已经提前完成了，×××的目标还差多少，今天你可以完成多少。

如果目标完不成会怎么样？目标完不成，公司没有任何处罚，但是所有人的目标既然已经公布出来了，那就代表它跟你个人的荣誉，跟你团队的荣誉也挂钩了。若到月底，你没有完成，在下个月月初动员会上，比如说我完不成我要剃光头……

另外，完不成目标的员工，到月底的心理压力是非常大的，有些员工甚至连觉都睡不好，而这不代表员工真的就是在乎这个收入。那他们在乎什么？因为员工清楚地知道：我完不成，我的团队可能就完蛋了，我团队里面的其他人就算全部完成了，他们也要跟我一起，面对这种失败，因为大家是一体的。任何人面对这种失败，压力都会非常大。

而此时此刻，从完不成目标的员工的领导，到他的队友都会在月底的时候全力以赴去帮助这个还没有完成，而且可能没法完成目标的队友，这个过程无形地加强了团队的凝聚力。到最后，你会发现这已经不仅仅是一个目标的问题了，它更多的是一个团队建设的问题，一个团队凝聚力和团队战略的问题了。

b. 铁的纪律。

一个团队要有战斗力，管理纪律一定是非常严明的，中供铁军更不例外。马云说他最欣赏阿里巴巴的干部，经常会提到干部调动时从来不会出现任何问题。一个广州的分公司经理，比如说今天下午接到总部的调令，说把他调到苏州分公司去。今天下午通知，明天早上就要求报到，绝对没有任何问题。哪怕家在广州，老婆孩子在广州，第二天上午一定会准时出现在苏州分公司。

另外讲一个，也是很多阿里人比较纠结的事情。阿里巴巴早期的期权奖励还是很不错的，在2003年，当年的业绩做到一百万，期权奖励是两万股票，也就是今天上市的八万股。今天八万股是个什么样的概念？八百多万美金。很多人的这笔股票都损失掉了，为什么？

因为2003年公司成长很快，很多销售在业绩做到超过九十万的时候，公司突然就把他提升为主管了，直接就告诉他，你的能力不错，去承担更大的责任吧，做主管，明天赶到杭州参加培训。很多员工很纠结，但还是坚定地执行了。其实再给他半个月时间，百万业绩就完成了，当时两万股，也就是今天的八百万美金就到手了，但是那时候提升的很多主管，这个期权就都损失掉了，今天想起来的时候心里面多少有点遗憾，但从当时的情况来说也是无怨无悔的。

这个纪律跟员工所在的地域、职位、收入、股票等都没有关系，只有执行。这就是铁的纪律。除了上述"令行禁止"的纪律，阿里其实还有大量"违反公司价值观、违反高压线杀无赦"的例子。

c. 铁的意志。

铁的意志，这个意志很多人都会讲，但要销售人员日复一日、年复一年在外奔波，去拜访客户，一天拜访五家甚至十家客户，一年要拜访数不清的客户，每天重复着同样的说辞，做着同样的事情，每天面对着不同的老板却是同样的异样眼光，或者说同样的欣赏眼光，真的不容易。

一个销售人员如果真能做到，那么他的意志是毋庸置疑的。尤其是做直销的，做直销是要上门拜访，与做电话销售、网络销售是不一样的。做电话销售、网络销售时看不到客户的表情，你感受不到客户的那种排斥，而上门拜访则会因此更容易产生压力。

看看中供铁军的常规工作，"朝九晚六"这个不会变。但是员工一般会八点钟到公司或者到办事处，很多小办事处都是租的民房，每天早上八点钟到，把客户资料打印出来、当天的路线排好。到九点钟，就在客户刚到公司上班，泡上一杯茶的时候，中供的员工已经把所有的东西都准备好，出发了。中供的销售人员从早上九点到下午六点跟办公室是无关的，只跟老板（客户）的办公室有关。

九点钟，销售就得外出拜访客户。上午的拜访结束后，中午吃饭休息怎么解决呢？在城区跑市场的销售相对好一些，吃饭休息都可以去商场。但在一些相对偏远的郊区市场，可能工厂就在田间，根本没有吃饭休息的地方，所以每个销售的包里习惯性的背着矿泉水、带着面包，以防到了类似没有吃饭的地方，所以就更别说休息了。有的时候他们只能在田间稍微坐一会儿，眯一会儿，就继续下午的拜访。

下午六点钟，回到公司，团队聚到一起分享当天的拜访情况。主要分享各自都遇到了一些什么类型的客户，针对产品及服务客户有什么样的反馈意见，都是怎么处理的？都成交了哪些客户，客户为什么要购买产品？大家在一起深度交流，互相学习。开完会大家一起吃晚饭。饭后再去写OEC 日报，把当天拜访客户的详细情况写出来，录入 CRM 客户管理系统。最后收集好第二天需要拜访的客户资料，基本上晚上十点左右可以结束当天的工作。十点结束之后，很多员工是带着电脑回家的，回到家洗完澡，躺在床上，电脑又是打开的状态，再收集一点客户资料，尽可能明天多拜访几家客户，这就是销售人员一整天的工作。

我相信听完这一天的安排很多人已经崩溃掉了，但是中供的销售人员就是这样日复一日、年复一年地做着这些事情。中供铁军，是干出来的。

④中供铁军的四个关键要素。

a. 军魂：阿里巴巴中国供应商直销团队，从成立的第二年开始，就主动从游击队开始向正规军发展。其标志是2001年阿里巴巴就有了愿景、使命和价值观（文化），并明确了不可触碰的"高压线"。大家现在所熟知的六脉神剑"客户第一、团队合作、拥抱变化、激情、诚信、敬业"，就是从那时逐渐演变发展而来的。文化是一种非强制性影响力，可树立阿里巴巴中供直销团队的坚定信念，塑造阿里中供销售人的行为指南，是这支部队的"魂"，是阿里铁军成功的基石和核心。

b. 军校：还是2001年，在当时盈利状况很一般的情况下，阿里巴巴中供团队就开设了"百年大计"新人培训班。迄今为止，这个培训班已经开了两百期左右。不管是叫"百大"还是叫"阿里军校"，那里都是强者的天堂，弱者的地狱。纪律严明的团队文化让强者适应，弱者淘汰。培训期最长三十天，最短也有二十天，主要的培训内容就是阿里巴巴的文化、产品学习和销售技能训练。正是有阿里军校源源不断地补充有战斗力的兵员，中供铁军才能在市场上攻城拔寨、无坚不摧。

c. 军政委：2015年，阿里巴巴提出并开始建立政委体系。这一体系保证了阿里巴巴价值观在中供铁军一线员工当中能够得到传承，同时在业务和人员培养方面提供更快捷、更高效的支持。铁军驰骋江湖，政委功不可没。

d. 军功章：中供铁军如何获得奖励（军功章）呢？阿里巴巴中供铁军根据销售人员上个月的业绩确定当月金、银、铜牌的排名（荣誉），并根据这个排名确定当月的提成比率（行赏）。也可以理解为当月的业绩决定下个月的排名和提成比例。这种独特的论功行赏方式，激励着每一个"战士"只能这个月比上个月的业绩做得更好，至少也不能比上个月的差。这，何尝不是推动中供铁军业绩飙升的关键？

⑤中供铁军的育人计划（阿里巴巴 B2B 业务的前 CEO 卫哲分享）。

a. 不轻易下放招聘权：很多企业的规模比当时阿里巴巴的几千人都要少，可能是几十人或几百人。我问过很多中小企业老板，一年花多少时间招人呢？很多老板回答：我有人事经理，招聘是他们的事情，我最多招几个高管。所以，很多企业在招聘这个源头最容易犯的错误就是：下放招聘权。这往往是一个公司人力资源管理灾难的开始。

跨国公司最起码会坚持"跨级招聘"，就是向你汇报的人及其直接下属的招聘，至少你要负责。但很多企业连"跨级招聘"都没有做到。阿里巴巴当时一度采取的是跨四级招聘。比如一个销售上面有主管，主管上面有城市经理，再上面有大区总经理，也就意味着，任何一个销售、客服人员的进出，大区总经理都要面试，而一个大区可以达到上千人。阿里巴巴只有几百人的时候，马云、关明生都会亲自面试每一个入职员工。所以，招聘的第一个关键是不能轻易下放招聘权。

b. 招聘的决策权在谁那？招聘一定不是人力资源部门的事情，招聘是老板、每个业务部门主管的事情，人力资源最多起到辅助的作用。也就是招聘的决策权，必须是在业务部门。阿里巴巴的政委权力有时很大，有时也很小，从来没有说阿里巴巴招一个人是政委说了算，政委只是起到辅助的作用。

c.阿里巴巴提出，招聘时要闻闻味道。什么是闻味道？很多公司招聘只看这个人的专业能力、专业背景，而不关心其他部分，比如你这个公司还需要什么样性格的人，这个岗位需要什么非专业的能力。

当时中供铁军很重要的一个员工入职要素是：能吃苦。但是你若简单地问："这位同学你能吃苦吗？"答案一定是：我能吃苦。那怎么办呢？我们设计了一个问题：请你讲讲到现在你吃过最大的苦是什么？居然有一个面试者的答案是：我有一次从上海坐火车去无锡，没有买到坐票，一路站着去的无锡。由此可见，每个人对吃过苦的定义和标准，是不一样的。

这类问题是你要关心的，也就是你要什么样的人力资源模型？在这个模型中，一定要有技能模型和专业能力模型，同时也需要非专业能力模型。只要是有专业能力的人，就一定要加入你这个团队吗？团队需要有自己独特的味道，而你的团队独特的味道是什么？你应该想办法把有这种味道的人找到，而不是招进来之后再去改变他。

d.找到能做非凡事的平凡人。很多公司在招聘时还会犯一个错误——总说我要去找精英，去找专家，去找人才。专家、精英、人才在你公司规模这么小的时候，凭什么加入你们？所以阿里巴巴提倡的就是要形成"人才地级差"，我们知道土地、房子有地级差，其实人才也有地级差。所以，团队建设和组织健康是非常重要的。

e.怎么做新人培训？阿里巴巴"中供铁军"成功的第二个重要的"板斧"，就是培训。由此诞生的制度就是"百年大计"，简称"百大"。我去当总裁，也必须从"百大"开始。我们来看看，大部分企业在培训方面会犯什么样的错误？"中供"又是如何避免犯类似错误的。我开玩笑说过：培训就是军队的演习，很多演习会变得像演戏一样。"平时多流血，打仗不死人"。这意味着，培训时要还原真实的作战场面，要在培训时提高淘汰率。

在阿里巴巴，"有培训必有考核，有考核必有淘汰"。宁可让他倒在演习场上，这是对员工的一种负责，他可以更早地发现自己不适合这个岗位；对公司也是一种负责，你没有把客户资源、市场资源交给他。所以，在阿里巴巴的"百年大计"或任何一个培训中，都强调高强度和高淘汰率。

谁来做培训？很多公司经常会犯以下两个错误。

第一，非常迷信外部请专家来培训。其实外部专家并不了解你们公司的文化、制度、产品。另一家公司最优秀的销售，就一定能培训你们公司的销售吗？

第二，培训教官是那些在业务部门做得不太好的人。公司不太好安排他，只好让他负责培训。二流的教官带不出二流的团队，只能带出三流的团队。而外部的教官跟你们的同学练出来的，都是纸上谈兵。

所以，阿里巴巴永远舍得把业务能力最强的一流干部，拿来做教官，做牛事。

f. 重点培训哪些人？很多人说，我们公司人人都要培训。都是重点，就没有重点。其实，培训有两个重点，叫"两个新"：第一是新人，第二是新干部。在阿里巴巴员工增长到几千人的时候，马云都坚持给新人做第一堂培训课。有人说这是给新人洗脑？对，这个脑必须由创始人来洗。洗什么？洗的是你创业的初心是什么，我们公司为什么要存在，我们公司的文化价值观是什么，什么事情在我们公司是鼓励的，什么事情是公司反对的。

创始人不是去做技能培训，而是做使命、愿景、价值观的培训。培训的第一课，是不能外包的。

第一个重点，培训新人。

培训新人时，你要用正常工作量的一点五到两倍的强度去训练他们，要让他们提前感受，这样上岗以后反而没有培训时那么苦那么难。很多公司的入职培训经常搞团建、聚餐，新人特别开心，上岗以后却发现实际工作不是这样的。所以，新人培训应该高强度、高淘汰率，创始人坚持讲第一课。

第二个重点，培训新干部。

怎么做新干部培训？抓住你的班长和连长。新干部以下有两类。

第一类，公司内部提拔起来的新干部。

没有人天生会当干部，从被人管到管人，是很大的一个跨度。很多员工被人管的时候说：我们经理这样不好那样不好，我做了经理肯定不会这样，但当他做了经理时比以前的经理更坏。十年媳妇熬成婆，熬成以后都是坏婆婆。他的老师就是坏经理，他没见过好经理自然不知道如何做。这样的干部能力模块很多，没有人天生就会，能不能边干边学？当然可以。而学费就要创始人和整个组织付担。

第二类，外面招来的干部。

他原来在别的公司当经理、当总监，来我们这里当经理、当总监就行了？别的公司经理的做法，跟你们公司一样吗？别的公司总监的做法，哪怕是同行业的，来了以后就能用一样的方法吗？如果一样的话，那你们的公司跟其他公司还有什么区别？所以，要重点培训新干部，其中重要的环节我们叫"抓住你的班长和连长"。

# 附录：战后要复盘

[ 让个体更优秀，让组织更高效 ]

复盘，围棋术语，也称"复局"，指对局完毕后，复演该盘棋的记录，以检查对局中招法的优劣与得失关键，是提升自己棋艺的好方法。棋手平时在训练的时候大多数时间并不是在和别人搏杀，而是把大量的时间用在了复盘上。

都说失败乃成功之母，可如果失败后不总结不复盘，其结果可能还是失败。只有持续不断的总结复盘，把整个销售项目重新模拟一遍，知道哪里干得好，哪里干得不好，将哪些地方有不同甚至更好的想法都梳理出来，从销售项目中学习销售技巧并提升销售能力，将销售经验转化成销售团队能力，才能保证在接下来的销售战役中有的放矢，高效完成目标。

说到复盘，联想公司曾经有个非常经典的复盘"四步法"最佳实践图。第一步：回顾目标，回想当初的目的或期望的结果是什么。第二步：评估结果，对照原来设定的目标看实际完成情况如何。第三步：分析原因，仔细分析事情成功或失败的关键原因。第四步：总结经验，包括得失的体会，是否有规律性的东西值得思考和下一步的行动计划。

## （1）联想公司实例（此案例来自联想控股微空间）

### ①第一步：回顾目标。

目标与目的不同，目的是为什么要做这件事，目标是要做成什么样的结果。以下案例中，我们可以看到设定"不断探索业务模式，保证企业生存"是当期目标，而最终目的是致力于推动企业的长远发展。回顾目标就是要回想一下当初期望的结果是什么。

联想创立于1984年，在2000年之前一直在IT领域发展。这个阶段，公司业务有两次较大的转型：第一次转型，是从科技成果"联想式汉卡"的研发和销售积累资金，到后来聚焦为IBM、HP、AST等国际PC品牌做代理商，不断了解市场，学习经验；第二次转型，是一边做PC代理商，一边逐步形成了自有品牌的PC业务。

用"四步法"复盘这段经历，我们会发现：从销售汉卡到做PC代理商，从做PC代理商进而形成联想自有品牌的PC制造业务，两次关键的转型都始终围绕着最初的目标：在公司初创期不断发现机会，探索业务模式，以保证企业的生存。

### ②第二步：评估结果。

评估结果要对照原来设定的目标看完成情况如何。在评估联想这两次转型时，柳传志发现结果都超过了预期。第一次，因为技术进步，以硬件为依托的汉字系统将很快被淘汰，当时联想及时从做汉卡聚焦于做PC

194

代理，避免了因技术换代而"猝死"；第二次，联想在做 PC 代理的基础上进一步开展了自有品牌 PC 业务，虽然在 1994 年，外国电脑巨头大举进入中国，对联想等国有品牌产生了严重冲击，但柳传志仍决心坚守自有品牌 PC，背水一战，后一举胜出。截至 2000 年，联想的自有品牌电脑业务占中国市场的 27%，稳居第一，远远超过最初的预期。

为何能转型成功？有没有值得总结的经验？这就是第三步和第四步要回答的问题。

③第三步：分析原因。

分析原因是要仔细分析事情成功或失败的关键原因。前面提到的两次转型为什么都超过了预期？

第一次从汉卡转型 PC 代理的成功，是因为高度重视技术发展的趋势，并能够积极应对。当时芯片发展速度已越来越快，随机存取存储器价格不断下降，汉字系统软件淘汰汉卡将成为趋势。而联想选择的是一边做汉卡，一边做 PC 代理商的模式，这不但使企业拥有了新的业务增长点，还在实战中不断地了解市场，积累了丰富的行业经验。

**第二次成功战胜国际竞争对手的原因主要有以下三点。**

第一，对大环境有足够的判断。中国 PC 行业在 20 世纪 90 年代飞速发展，当时的环境给了联想广阔的发展空间。

第二，对所处的行业和业务做深刻、系统的研究后，才能有创新的做法。当时联想除了对中国市场有足够的了解外，还深入研究了供应链管理、库存压缩，以及成本控制等，这些都为超过国外厂商增添了砝码。

第三，与国际竞争对手相差很远的时候，不要被吓住，要更多地去想自身有哪些地方没有做到极致，以及如何做到极致。

在这其中，对 PC 行业规律的认识和对企业管理规律的研究、总结，又是诸多原因中最为根本的原因。

**④第四步：总结经验。**

总结经验，包括得失的体会，以及是否有规律性的东西值得思考，还包括下一步的行动计划。

前文提到的公司由汉卡的研发销售聚焦为 PC 代理业务为例，柳传志得出三点重要启发。

第一，企业处于上升期，是最适合开展下一步布局的时候。公司的一把手与核心管理人员，一定要吃着碗里的饭，看着锅里的饭，再种着地里的田。如果等到没有饭的时候才去做锅里的饭，那时就会来不及，动作也会变形。

第二，主观努力很重要。20 世纪 80 年代，当时还是计划经济，像联想这么小的公司，没有办法拿到 PC 生产许可证，只能"曲线救国"，转战香港。当时联想既没钱给人家，又要让人家相信自己有能力，没别的办法，只能努力地用各种办法证明自己。这些例子在联想的发展过程中有很多，都是通过主观努力，在很多人认为根本不可能的情况下做成的。

第三，领导人一定要"退出画面看画"，退出来看全局、看大局。当我们在做一件事情时，若完全沉迷在具体的工作步骤中，往往会忘了根本目的和全局。

最后，在总结经验、规律时，不要轻易下结论，否则就会不客观，或者容易"自己骗自己"。一两次的复盘，未必就真的能摸索到规律，只有通过若干次复盘，才能逐渐总结出一个规律的趋向。如果把不是规律的东西当成规律，把并不了解的情况当成非常了解的情况去指挥企业作战，那结果会比不知道规律还要惨得多。

联想复盘的实际案例告诉我们复盘四步法中的四步是环环相扣且形成闭环的，我平时做销售项目的复盘实践工作，也会参考联想的复盘四步法。当然，复盘的具体内容，我会根据每一个销售项目的实际情况进行相应的调整。

### （2）我曾主导复盘的 A 项目全过程

#### ①第一步：回顾 A 项目的目标。

正式开启 A 项目之前，我们项目组人员就已经制订了非常明确的目标，且将目标细化为若干任务，分配给参与此次销售行动的销售人员。既然 A 项目已经结束了，那么我们就应该好好回顾一下当初制订的目标，今天所达成的结果与当初设定的目标是相吻合还是背道而驰？内部成员通过以下几个问题的讨论，来还原当时 A 项目的目标和想法。

**第一，当初策划 A 项目的真实意图或目的是什么？**

通过项目实战，提升团队的业务能力，同时总结提炼出一套可复制的销售方法论及销售工具表单。项目实战中，既要配合代理商成交客户，又要针对代理商的业务人员进行系统的产品培训，把市场打深打透，不给竞争对手留下任何机会。

**第二，A 项目想要达到的目标是什么？**

a.参与 A 公司的项目招投标，希望能够中标；

b.陪同代理商拜访客户，并给他们的业务团队培训产品知识；

c.与代理商联络感情，侧面了解竞争对手的情况。

**第三，我们计划怎么做，预先制订的计划是什么？**

a.制订 A 项目实施计划；

b.按照战前计划严格执行和跟进；

c.根据执行的实际情况，对时间和任务进行灵活性调整；

d.每天晚上复盘，汇总当天的实际工作情况；

e.按照领导的指示完成工作任务。

**第四，预期的风险和应对措施是怎样的？**

a.客户及代理商时间的临时调整；

b.有竞争对手参与且具备一定的竞争优势；

c.客户或代理商倾向于和竞争对手合作。

针对我们事先设定的 A 项目作战目标，复盘时我做了 A 项目的整体详细说明，我们通过以上提到的一系列问题来还原我们最初的想法和目标，虽然还原的过程缺乏一定的方法和技巧，还原也不是很流畅，甚至出现好几次团队人员之间的意见相左甚至争执的情况，但整体复盘下来，大家都觉得非常有价值，既找出了项目管理过程中的不足，同时也梳理出了我们自身的优势和亮点。

②第二步：评估 A 项目的结果。

回顾完 A 项目的目标后，我们对照当初设定的作战目标，根据实际的完成情况，梳理了整个 A 项目当中遇到的突发情况和产生的问题，发现其中的差距和差异。从失败中学习，从问题中找经验。

**第一，最初的目标有没有实现？**

针对 A 项目，整体表现还是不错的，就算不中标也在情理之中，分析原因有三：

a. 此客户之前与我们基本上无联系，客户招投标的时候才主动找的我们，被动应标；

b. 讲标过程中同事过于紧张，产品部分呈现效果一般；

c. 原定当天出评审结果，客户临时推迟了公布结果的时间，具体原因不详。

**第二，最初制订的计划执行情况如何？**

基本上完全按照既定的计划执行，只是在投标的过程中临时调整了产品演示人，影响了现场讲标的效果。

**第三，发生了哪些意料之外的事情？有何影响？发生的原因是什么？**

a. 招投标项目结束以后，本来应当场出结果的，可非但没有当场出结果，客户还提出来要再次体验产品，且提出了几个非常个性化的需求问我们现有的产品是否可以满足。

b. 发生这种情况的主要原因至今也不是非常清楚，因为我们和客户的关系一般，只是依常规参与项目招投标。

没有对比就看不到差距，没有对比就不知道问题出在哪里，没有对比就很难提出改进建议或意见。通过评估 A 项目的结果，我们就非常容易找出我们的问题所在。

③第三步：分析其中的原因。

评估完结果后，到了复盘的核心环节，那就是分析原因。我们所有人都针对上述的问题去思考原因，虽然说不需要细化到每个细节步骤，但基本的流程及方法论还是需要搞清楚的。分析原因代表我们所有人都要去刨根问底，发现问题的本质，避免浮于表面的思考。

我们不但要能够发现问题，而且要学会总结归纳问题，例如招投标项目当中遇到的好几个问题，都可归结于一个原因，那就是不合理的客户关系。总结出原因，才能让经验教训去指导我们在下次的招投标项目中对类似问题引起重视、做出调整。

我们把这里的原因分为主观原因和客观原因，也就是在 A 项目招投标过程中由于自身原因出现的错误以及自己无法决定的突发状况。

**为什么会发生实际状况与预期的差异？**

主观原因：团队缺乏大客户项目跟进的能力，同时缺乏指导，导致项目跟进不及时。还有在 A 项目的所在区域没有分支机构，无法提供本地化的服务，导致客户信任度不够。

客观原因：竞争对手中有三家在 A 项目的所在区域都有分支机构且其中两家跟客户已经有多年的业务往来，其中一家一直在合作。不知道是什么原因使客户临时改变决定，不当场宣布中标结果。

分析原因是复盘的核心环节，也是最容易出错的时候，切记不要把所有的问题都聚焦到项目负责人身上，该是谁的责任就是谁的责任，尽量做到公正客观。如果把所有的责任都怪罪于项目负责人，无形当中就成了针对某一个人的批斗会，不但分析不出来原因，反而会搞得彼此不愉快甚至会导致团队分裂。

出了问题，一定不只是某一个人或某一个环节出了问题，我们需要从产品、研发、项目管理、团队协作、公司品牌、资质、影响力、同行业案例、竞争环境等多个维度深度分析，找出真实的原因。既然是问题，要么是项目组的问题，要么就是公司的问题，出发点一定要弄明白。

④第四步：A项目总结和改进计划。

这一步很多时候我们都会忽略或不够重视，其实这一步非常关键。关系到此次团队复盘能否产生积极的作用。这一步也是在告诉我们，接下来其他的销售项目应该做哪些准备，具体应该怎么做等。在下一个项目开始之前，我们可以翻翻此次A项目的经验总结，不断提醒自己。

第四步具体包含两部分内容，一是总结，二是改进计划。

总结相当于是对整个A项目的回顾，尤其是分析原因后大家得出来的一些结论，需要重点回顾，以促进达成共识。其次就是针对这些问题，我们要如何改进，有些原因需要系统的改进方法，现场无法给出一个完整的方案。

而针对不同角色（战区负责人、项目经理、售前支持、商务主管、产品、客服运营、销售副总）的原因则可以分别明确一个改进的计划，基于大家对问题的共识，系统的改进方案只能在会后单独商定。

以上整个A项目复盘过程均需要详细记录，并作为A项目的总结归档。对于A项目改进计划的落实，有必要设置检查时间点和具体负责人。

每次复盘出来的问题都可以在下一次复盘时重新审视，这些问题是否还存在，之前的解决方案是否有效。组织的持续改进就在于这一点一滴的优化和迭代。

曾子曰："吾日三省吾身：为人谋而不忠乎？与朋友交而不信乎？传不习乎？"通过"联想复盘""A 项目复盘"两个真实的案例，我想大家对如何才能做好复盘有了一个初步的认识。但要想真正熟练掌握联想复盘四步法，必须结合自己的项目实践，反复练习才行。当你真正懂得了复盘的价值，复盘就会成为一种习惯，持续的复盘会形成一种文化。数据时代我们都忙着往前跑，但偶尔也需要回头看看走过的路。希望通过联想复盘、A 项目复盘，能够让员工个体更优秀、让组织更高效。